룻기, 환대와 연대의 이야기

룻기, 환대와 연대의 이야기

초판 1쇄 발행 2024년 11월 5일
ⓒ 이종철, 2024

지은이 이종철
펴낸이 한현숙
디자인 황보라
펴낸곳 라이트앤라이프

출판등록 2022년 11월 21일 (제2022-000075호)
주소 08734 서울특별시 관악구 청림6길 3 2층 214호
전화 02-535-9182 **이메일** miseliot@daum.net

ISBN 979-11-981280-4-1 (03230)

룻기

환대와 연대의 이야기

◆ 이종철 지음 ◆

라이트앤라이프
LiGHT ⁿ LiFE

룻기는 이야기a story이다. 인간의 사유 구조는 기본적으로 이야기식 구조내러티브로 되어 있기에, 이야기만큼 선명하고 오래 기억되는 것도 없다. 이야기는 힘이 있다. 이야기가 갖는 힘은 이미 유발 하라리Yuval Noah Harari의 《사피엔스》2011에서 언급된 바 있다. 인류가 문명을 이루고, 거대 집단을 이룰 수 있었던 결정적 요인으로 소위 '뒷담화'gossip 이론을 주장한다. 뒷담화가 곧 이야기이다. 이야기를 통해서 인류는 공감대를 형성하면서 집단적 연대가 가능하게 되었다. 허구fiction의 세계를 만들면서 국가나 종교나 시장이 탄생하고, 소통과 지식 축적의 기반이 되었다.

성경은 많은 곳에서 이야기를 도구로 하나님 말씀을 전한다. 모세오경을 '토라'라고 부르는데 토라는 율법과 이야기로 구성되었다. 토라에서 율법, 곧 법규라 부를 수 있는 것은 출애굽기 12장 이후에나 나온다. 그전까지는 이야기 형식으로 하나님의 창조와 언약사와 이스라엘의 출애굽 구원사를 서술한다. 모세오경에 담긴 613가지 율법 계명은 잘 기억에 남지 않지만, 아담 이야기나 아브라함 이야기, 모세 이야기나 룻기는 한 번만 읽어도 선명하게 남는다. 이야기는 하나님 말씀을 가장 효과적으로 전달할 수 있는 방식이다.

　　이야기는 또한 짧은 분량으로도 까다로운 난제나 심오한 신학적 주제를 명쾌하게 설명할 수 있다. 창세기 2장과 3장, 단 두 장에 걸친 에덴동산 이야기는, 20세기의 교부라 불리는 칼 바르트Karl Barth의 두툼한 《교회교의학》 몇 권 분량의 내용을 담고 있다. 인간의 탄생과 인간의 본질, 죄와 타락, 인간의 운명과 목적에 대해서 단 두 장의 아담과 하와 이야기만큼 더 이상 간단하고 생생하게 서술할 수는 없다. 이런 이야기를 토대로 그 빈 공백을 메우고 논리적으로 설명하는 것이 교의학이요, 이야기를 확대하고 새로운 해석을 덧붙여 현대인들에게 전하는 것이 바로 설교이다.

　　이런 토라의 서술방식에 근거하여 유대교 랍비들은 구약성경을 해석하는미드라쉬 데 두 가지 방식을 활용하였다. 할라카Halakha

와 아가다Aggadah 방식이 그것이다. 할라카는 율법 규칙의 적용과 확대, 금지와 허용의 형태로 풀이하는 방식이다. 아가다는 이야기식 풀이로, 빈 공백을 메우거나 난제를 풀어내는 방식이다. 또는 내용을 확대하여 새로운 상황에 맞는 적절한 하나님의 말씀을 도출해내기도 한다.

랍비들은 늘 '새로운 해석'을 선호하였다. 새로운 해석은 토라가 가진 심오함을 드러낼 뿐만 아니라, 창의적 해석을 통해 하나님 말씀이 어느 시대, 어떤 상황에서도 통용될 수 있도록 하였다. 이런 과감한 해석은 토라의 권위를 떨어뜨리는 것이 아니라, 오히려 토라의 울타리 역할을 하여 토라의 영원성을 보호할 수 있었다. 유대교의 이런 전통은 문자와 교리에서 한치도 벗어나지 못하는 개신교 설교자들이 귀담아들을 만한 것이다. 문자에 매인 해석은 성경을 살아계신 하나님의 말씀이 아닌 고리타분한 유물로 만들어버린다.

　　　　　　　　　　　　　롯기, 환대와 연대의 이야기

유대교에서 룻기의 대표적 미드라쉬는, AD 6세기 무렵에 출현한 《룻 라바 *Ruth Rabbah*》이다. 룻기를 이야기식 풀이, 곧 아가다 방식으로 해석한 전통적 주석이다. 룻기 연구나 설교에 있어 이 책은 고대 이스라엘의 사회 문화적 상황 이해를 위해서 많이 참고된다. 본서의 많은 곳에서 《룻 라바》를 언급했지만, 주로 '비판적'으로 인용했다. 현대의 보수적 설교들과 마찬가지로 유대교 또한 전통적 해석에서 벗어나지 못하고, 현대적 적용에 한계를 보이기 때문이다.

본서는 강단에서 강론했던 8개의 룻기 설교를 엮었고, 각 설교 말미에 관련된 8개의 주제들을 《설교노트》 형태로 덧붙였다. 룻기 본문도 원문과 번역본을 참조하여 이야기 형식으로 직접 번역하고 윤문하였다. 자칫 산만할 수도 있겠지만, 읽다 보면 성경 이야기가 주는 놀라운 힘을 경험할 것이다.

롯기를 읽는 핵심 키워드는 '환대'와 '연대'이다. 환대
hospitality는 최근 전 세계적으로 난민과 이주민의 급격한 증가로 인
해 현대 사회에서 가장 뜨겁고 세계적인 윤리 주제가 되었다. 룻은
모압 이방 여인으로서 이스라엘에 성공적으로 정착한 이주민이
다. 환대의 윤리가 그 중심에 있으며, 룻기는 선민사상이라 불리는
이스라엘 민족 배타주의의 장벽을 효과적으로 허무는 책이다.

'연대'solidarity는 약자들이 사용할 수 있는 가장 강력한 무기이
다. "한 사람이면 패하겠거니와 두 사람이면 맞설 수 있나니 세 겹
줄은 쉽게 끊어지지 아니하느니라."전도서 4:12 룻은 여성이요, 과부
요, 이방인이요, 이주민이다. 약자 중의 약자이다. 룻과 나오미가
연대하여 안식처를 만들어가는 과정이 룻기이다. 룻은 용감하고
유능한 여성이며 나오미는 현명한 여성으로, 두 여성은 연대하여
운명을 바꾼 믿음의 여인들이다. 본서는 현숙한 이방 여인 룻이 보
아스를 만나 이스라엘의 주류로 편입되는, 신데렐라 스토리 비슷

          롯기, 환대와 연대의 이야기

한 전개로 읽는 전통적 방식과는 다른 새로운 해석을 취하였다.

성경은 풍부하고 심오한 하나님 말씀을 감추고 있는 광맥과 같은데, 그동안 룻기는 일방적(가부장적), 피상적(교리적) 시각으로만 읽어 왔다. 룻기는 스토리 전개가 매우 흥미 있고, 그림으로 그려낼 수 있을 정도로 이미지적이다. 행간은 다양한 생각으로 이끄는 암시와 은유로 가득하다. 그러면서도 인생이란 무엇이며, 하나님의 날개 아래 주어지는 은혜가 어떻게 현실에 실현되는지 깨닫게 하는 신학적 통찰이 있다.

2024년 10월

이 종 철

* 각 장의 처음에 수록된 룻기 번역은 성서 원문, 히브리어, 70인역 영어성경, NRSV, The New Jerusalem Bible 한글성경개역개정을 토대로 읽기 쉽도록 의역한 것이다. 본문의 성경 인용은 여러 한글 번역본을 따랐다.

중세 유대교 기도서 마흐조르 *Tripartite Mahzor*, 《룻기 오프닝》, 1322
그림 설명은 33쪽에 있다.

¹ 사사판관들이 다스리던 때에 그 지역에 기근이 들었다. 어떤 사람이 유대 베들레헴에서 그의 아내와 두 아들과 함께 모압 땅으로 이주해 왔다. ² 그 사람 이름은 엘리멜렉이었고, 그의 아내는 나오미, 그의 두 아들은 말론질병과 기룐허약이었다. 이들은 유대 베들레헴 출신의 에브랏 사람으로 모압 땅에 정착해서 살았다. ³ 그런데 나오미의 남편인 엘리멜렉이 죽었고, 그녀와 그 두 아들만 남게 되었다. ⁴ 이들은 각각 모압 여인들과 결혼했는데, 한 사람의 이름은 오르바요, 다른 하나는 룻이었다. 그들은 거기서 십 년 동안 살았다. ⁵ 그때 말론과 기룐 또한 죽어서, 남편과 아들들을 잃은 채 나오미만 남게 되었다. … ¹⁹ 그 두 사람은 길 가기를 계속하여 마침내 베들레헴에 도착했다. 그들이 베들레헴에 들어섰을 때, 이 두 사람으로 인해 온 마을에 소동이 일었다. 마을 여자들이 말했다. "이 여자는 나오미가 아니냐?" ²⁰ 나오미가 그들에게 말했다. "나를 나오미달라 부르지 말고, 마라쓰다라 부르라. 전능자가 나를 심히 괴롭게 하셨다.

²¹ 내가 풍족하게 떠났지만,
　　하나님이 나를 빈손으로 돌이키셨다.
　　왜 나를 나오미라 부르는가?
　　하나님이 나를 낮추셨고,
　　전능자가 나를 비참하게 만드셨는데."

²² 나오미가 그의 며느리 모압 여인 룻과 함께 모압 땅에서 돌아왔는데, 그들이 베들레헴에 왔을 때는 막 보리 추수를 시작할 무렵이었다.

1

나오미에서 마라로

모압으로

룻기는 성경 책 제목에서 에스더서와 함께 여성 이름을 가진 두 책 중 하나입니다. 그것도 이방 여인의 이름입니다. 룻 혼자만이 주인공이 아닙니다. 오히려 그 시어머니 나오미의 대사가 더 많고, 주도적입니다. 나오미와 룻, 두 여성이 연대하여 자신들에게 닥친 불행을 극복해 가는 이야기가 룻기입니다. 그 과정에서 다윗으로 이어지는 구원사가 전개되고, 민족 차별을 극복하는 사회적 메시지를 던집니다. 성경에는 한 개인의 일상사를 다루는 내용들이 적지 않습니다. 하나님은 한 사람의 인생에 관심이 있습니다. 바로 그런 일상사가 하나님의 뜻을 실현하는 도구이기에 우리 인생은 신성합니다.

우리 인생이 의례 그렇듯 운명은 알 수 없는 방향으로 전개됩니다. 우리의 기대나 계획과는 다른 길로 갈 때가 많습니다. 그 첫 구절은 "사사판관들이 치리하던 때"라는 말로 시작합니다. 단순히 시대적 배경을 밝히는 정도가 아닙니다. 사사 시대는 왕, 곧 국가가 없는 시대입니다. 기근이라는 위기가 닥쳤는데 이 문제를 개인이 해결해야 합니다. 각자도생各自圖生이라는 말처럼 자기 살길을 각자가 찾아야 합니다.

룻기에 등장하는 이름들은 메시지를 담고 있는데, 나오미 남편의 이름은 '엘리멜렉'입니다. '나의 하나님이 왕이다.'라는 매우 신앙적 이름입니다. 이는 룻기의 주제에 해당합니다. 인간 왕이 아닌 하나님이 왕이 되어야 희망이 있습니다. 그런데 그 남편은 이야기가 시작하자마자 죽어버렸습니다. 룻기의 결말은 죽은 왕의 소생입니다. 하나님이 왕의 능력을 발휘하여 가난한 여인의 실추된 인생을 회복시키고, 이방 여인을 이스라엘의 본류로 올리는 이야기입니다.

이야기는 약속의 땅에 든 기근으로 시작합니다. 이들이 거주하던 베들레헴은 '빵의 집'이라는 뜻을 가진 마을입니다. 그런데 역설적으로 먹을 빵이 없는 기근의 도시가 되었습니다. 이런 상황에서 약속의 땅을 지키는 것이 진정한 신앙일까요? 모릅니다. 그 자리에 있었다면 굶어 죽었을 수도 있습니다. 아무런 계시도 없는 상황에서 오래전 약속만 붙잡고 있을 수는 없습니다. 이 순간 인간

  룻기, 환대와 연대의 이야기

은 본능적으로 주어진 자신만의 예민한 생명력의 더듬이를 내어, 더듬더듬 살길을 찾아갑니다. 그런데 그들의 뜻밖의 선택은 모압이었습니다.

모압이란 나라는 룻기에서 중요합니다. 주인공 룻이 모압 여인이었으며, 룻기 전체에서 모압이라는 단어가 14번이나 등장합니다. 모압은 이스라엘과 사이가 좋지 않았습니다. 아브라함의 조카 롯의 두 딸에게서 기원한 암몬과 모압 족속 중 하나였습니다. 그렇지만 출애굽 당시 모압이 이스라엘을 향해 못된 짓을 하였습니다. 술사 발람을 통해 이스라엘을 저주하려 했던 것입니다. 또한 우상 숭배와 음란 문화를 끌어들여 이스라엘을 망하게 할 뻔했습니다. 그래서 신명기 23장 3절은 "암몬 사람과 모압 사람은 여호와의 총회에 들어오지 못하리니, 그들에게 속한 자는 십 대뿐 아니라 영원히 여호와의 총회에 들어오지 못하리라."라고 토라에 명문화하였습니다.

이스라엘 왕국 시대 내내 모압과 사이가 좋지 않았고, 바벨론 포로기 이후 에스라, 느헤미야 시대에는 이스라엘 백성과 모압 간의 통혼이 문제가 되었습니다. 그때 느헤미야는 이스라엘 순혈주의 정책을 펼쳤습니다. "그날 모세의 책을 낭독하여 백성에게 들렸는데, 그 책에 기록하기를 암몬 사람과 모압 사람은 영원히 하나님의 총회에 들어오지 못하리니 … 백성이 이 율법을 듣고 곧 섞인 무리를 이스라엘 가운데에서 모두 분리하였느니라."**느헤미야 13:1, 3** 이방인과 결혼한 자들을 강제로 이혼시키고 쫓아내는 유대 민족주의 강화 노선, 현대로는 난민과 이주민을 배척하는 극우주의 정책을 전개했던 것입니다.

룻기를 읽을 때 이 상황을 염두에 두어야 합니다. 성서학자들은 룻기가 기록된 이유를 요나서와 같이 이방인을 향한 배타적 태도에 대한 저항에서 찾고 있습니다. 이방인, 난민 문제가 룻기의 중요한 주제입니다. 그런데 유대 미드라쉬는 모압 이방인이 이스라엘에 합류하는 이런 반율법적 이야기를 견딜 수 없었기에 여러 해명을 내놓았습니다. 신명기에서 금한 암몬 사람과 모압 사람이 '남성형'인데 착안하여 모압 '여인'은 이 율법에 해당하지 않는다고 하였습니다.**룻 라바 2,9** 이런 해석은 이방인 포용을 예외적인 사건으로 만들어버립니다.

다른 해석은 룻이 사사기에 등장하는 모압 왕 에글론**사사기 3:14-22**의 딸이었다고 추정합니다.**룻 라바 2,9** 룻은 일약 왕가의 후손으로 격상되고, 에글론에게 예전에 전하려 했던 비밀스런 하나님의 명령**사사기 3:20**의 성취자가 되어버립니다. 이 또한 이방인과의 결합을 예외적 상황으로 만들고, 일반적 민중성을 없앰으로써 유대인과 이방인의 연합이라는 하나님의 뜻을 약화시킵니다. 이스라엘 민족주의적 해석을 유지하여 원래 룻기가 전하려 했던 메시지를 완전히 왜곡시키고 있는 것입니다.

 룻기, 환대와 연대의 이야기

룻은 평범한 이방인입니다. 룻은 모압 여인이지만 이스라엘 인들보다 더 의리가 있습니다. 또한 다윗 왕의 혈통을 낳은 자입니다. 여호와의 총회에 들어간 가난한 모압 이방인입니다. 룻기는 이스라엘 민족주의와 그 배타성에 대해 경고하고 있습니다. 이는 한국 기독교의 배타적, 차별적 태도를 향한 경고이기도 합니다. 소수자나, 난민이나, 이슬람인이나, 타종교나, 이념적 반대 세력을 향한 적대적, 혐오적 태도를 버리라는 것이 룻기가 전하는 메시지입니다.

나오미와 엘리멜렉 가정은 이런 역사적 무게를 알지 못한 채 모압 행을 결정했고, 그곳에서 모압 출신 두 며느리를 얻기까지 하였습니다. 의도적인 도발은 아니었습니다. 나름 최선의 정착지를 물색했고, 모압 땅이 가장 적당하다고 판단했던 것입니다. 그곳에 살다 보니 사람들도 괜찮아서 모압 여인을 며느리로 맞아들인 것뿐입니다. 그러나 그들이 취했던 이 행동은 매우 역사적인 결정이 되었습니다. 신라 백성이 고구려나 백제의 국경을 넘어, 그곳에서 살림을 장만하고 결혼하고 자녀를 낳고 산 것과 같은 효과입니다. 국가는 경계선을 긋고 통제하려 하지만, 민중들은 경계선을 무력화하고 이미 하나 됨을 이루었습니다.

민중들의 이런 무의식적 행동이 더 무섭습니다. 정치나 이념이나 교리는 편을 가르고 정죄합니다. 그런데 나오미 가족은 무의식중에 이스라엘과 모압의 경계를 허물고 있었던 것입니다. 그들을 향한 차별과 배타와 편견을 깨고 있었습니다. 그곳도 사람 사는 곳이고, 하나님의 은혜가 함께 있음을 보여줍니다. 인간을 하나로 만드는 것은 교리나 이념이 아닙니다. 사랑입니다. 생명의 위기 앞에서 느끼는 공동의 연대의식입니다.

나오미 인생 마라 인생

당시 상황에서 최선의 결정을 하였지만, 결과는 좋지 않았습니다. 이주한 지 얼마 되지 않아 남편 엘리멜렉이 죽었습니다. 아들 둘이 있었는데 이들 또한 이곳에서 불행한 죽음을 맞았습니다. 두 아들의 이름은 말론이고, 기룐입니다. 말론은 '질병'이라는 뜻이고, 기룐은 '허약함, 폐병'이라는 뜻입니다. 자식 이름을 어떻게 이렇게 지었는지 모르겠습니다. 룻기는 이야기식 구조를 가지고 있고, 이 두 아들은 중요한 인물이 아니기에 이들의 병명으로 이름을 대신했을 가능성이 있습니다. 둘 다 병으로 젊어서 죽은 것 같습니다. 이들은 각각 모압 여인을 아내로 두었는데, 불행히도 자식이 없었습니다.

나오미의 인생은 그야말로 나락으로 떨어졌습니다. 남편도, 자식도, 손주도 없고, 곁에는 이방인 며느리들밖에 없습니다. 최선

     룻기, 환대와 연대의 이야기

의 선택을 했다고 생각했는데 결과는 최악이었습니다. 영화 《기생충》에 나오는 유명한 대사가 "무계획이 계획이다."라는 말입니다. 인생이란 것이 계획한 대로 되는 것도 아니고, 아무 생각 없이 살다 보면 마치 인생에 어떤 기막힌 계획이 있었다는 듯이 전개되는 것을 볼 때가 있습니다. 힘없는 인생들은 운명의 파도에 휩쓸리기 마련입니다.

나오미는 지금 인생의 밑바닥에 처박혔습니다. 모든 것을 잃은 나오미가 취할 수 있었던 마지막 선택은 귀향이었습니다. "이에 그 두 사람이 베들레헴까지 갔더라."[19절] 이 귀향은 화려하거나 그리운 귀향이 아니었습니다. 마음도, 몸도 의지할 곳 없는 자의 어쩔 수 없는 선택이었습니다. 나오미를 고향 사람이 알아보았습니다. 그들이 이렇게 말합니다. "베들레헴에 이를 때에 온 성읍이 그들로 말미암아 떠들며 이르기를 '이이가 나오미냐?' 하는지라."[19절] 개역성경의 번역이 좀 밋밋합니다. 새번역은 "이게 정말 나오미인가?"로 실감 나게 번역합니다. 세월이 흘러 늙어서인지, 고생을 많이 해서 그런 것인지 고향 사람들이 그의 얼굴을 잘 못 알아볼 정도로 많이 상했던 것입니다.

마을 사람들의 이런 반응에 나오미가 이렇게 말합니다. "나를 나오미라 부르지 말고, 나를 마라라 부르라."[20절] 나오미는 '사랑스러운 자, 달콤함'이라는 뜻입니다. 반면에 마라는 '괴로움, 쓰다.'라는 뜻입니다. '나의 인생은 실패야!'라는 탄식입니다. 정말 실패일까요? 놀랍게도 나오미에게는 후반전 인생이 기다리고 있었습니다. 룻기는 나오미에서 마라로, 마라에서 다시 나오미로 회복해 가는 과정입니다. '마라' 인생은 괴롭지만, '마라'의 시간이 없었다면 인생의 깊이도, 풍요로움도, 주어진 것이 정말 얼마나 달콤했던 것인지 몰랐을 것입니다.

렘브란트, 《자화상》, 1669

렘브란트Rembrandt의 그림들이 이를 잘 보여줍니다. 렘브란트는 성화와 자화상을 많이 그렸습니다. 렘브란트는 곧잘 작품 속에

　　　　　　　　　　　　　룻기, 환대와 연대의 이야기

자기 인생을 녹여내곤 하였습니다. 자화상은 그의 20대부터 계속 되었는데, 그중 많은 사랑을 받는 작품은 1669년 그가 죽던 해에 그린 63세 때의 《자화상》입니다. 백발이 되고 나이보다 늙어 보이는 얼굴과 더불어, 영욕의 세월 끝에 모든 것을 비운 듯한 처연한 눈빛이 사람들의 시선을 끌었습니다. 마치 그림 밖으로 진한 슬픔이 우러나올 것 같은 표정입니다.

자화상에서 드러나듯 렘브란트의 노년은 불운했습니다. 렘브란트는 청장년 시절에는 부유했지만, 노년에는 파산 선고를 당했고, 그의 임종을 아무도 지켜보지 못할 정도로 쓸쓸한 죽음을 맞았습니다. 두 아내와 자녀 여섯이 있었지만, 아내들뿐만 아니라 다섯 자녀가 자기보다 먼저 죽는 모습을 지켜보아야 했던 비운의 화가였습니다. 그런 고뇌가 자화상의 얼굴 표정에 담겼습니다.

렘브란트 말년의 그림들이 대부분 그러합니다. 그가 죽던 해에 그린 성화 《성전의 시므온》에서는 아기 예수보다는 시므온의 얼굴에 초점이 더 맞추어져 있습니다. 렘브란트 특유의 검은 색을 배경으로 시므온은 눈이 먼 듯 거의 감긴 눈으로 허공을 응시합니다. 이마에는 깊은 주름살이 베었고, 성긴 머리에 흰 수염을 날리며, 고뇌와 우수가 담긴, 형용할 수 없는 표정을 짓고 있습니다.

1665년에 완성한 《탕자의 귀향》도 마찬가지입니다. 까까머리에 헤어진 신발을 한 쪽만 신고서 무릎을 꿇은 거지 같은 모습의

탕자를 안아 주는 아버지의 모습인데, 실명한 듯한 눈으로 담담히 아들을 맞고 있습니다. 인생의 모든 희로애락에서 달관한 듯한 표정입니다. 성서에서 묘사된 기쁨에 차서 아들을 맞는 반가운 아버지의 표정이 아닙니다. 기다림에 지쳤고, 기쁨도 슬픔도 잠시라는 것을 이해하는 듯한 현자의 얼굴입니다.

나오미에서 마라로, 마라의 극한에서 모든 것을 달관한 모습입니다. 렘브란트는 육적인 눈이 먼 후 영적인 눈이 열렸나요? 인생의 마라가 우리 인생을 깊게 만듭니다.

렘브란트, 《성전의 시므온》, 1669

    룻기, 환대와 연대의 이야기

하나님의 징벌?

이때 누구를 원망해야 할까요? 자신을요? 인간이 어떻게 자신을 탓할 수 있나요? 탓하지 마십시오. 그것은 교만입니다. 자기 인생을 자신이 마음대로 할 수 있다는 착각입니다. 어느 부모에게서, 어느 땅에 태어날지 자기가 결정하지 않았습니다. 그런데 이 운명의 짐을 내가 다 지고 가라고요? 우리는 인생이라는 작은 조각배 하나 끌고 갈 뿐, 거대한 파도를 어떻게 할 수 없습니다. 그렇다고 해서 마음대로 살라는 말은 아닙니다. 인간들은 각자 최선을 다해 살고 있습니다. 거기까지입니다. 최선을 다했다면 자신을 비난하지 마십시오. 비난한다고 하여 자기 인생이 바뀌는 것도 아니지 않습니까?

네, 나오미는 대신 하나님을 원망하는 길로 갔습니다. 나오미는 반복해서 하나님 탓을 합니다. 13절입니다. "여호와의 손이 나를 치셨으므로." 20절입니다. "전능자가 나를 심히 괴롭게 하셨음이니라." 21절입니다. "여호와께서 나를 징벌하셨고 전능자가 나를 괴롭게 하셨거늘." 그 앞 구절입니다. "내가 풍족하게 나갔더니 여호와께서 내게 비어 돌아오게 하셨느니라."

하나님이 내 인생을 그렇게 만들었다는 한탄입니다. 이 한탄이 비신앙적입니까? 언제, 하나님이 나의 풍족한 것을 다 빼앗아 가난하게 만들었다는 말입니까? 네, 그런데 사실입니다. 모든 인생사와 역사를 하나님이 주관하신다고 이스라엘인들은 믿었기에, 당연히 불행도 하나님이 그렇게 계획하신 것입니다. 하나님은 영광만 받지 말고 비난도 함께 받아야 합니다.

그런데 우리 하나님은 기꺼이 이 원망의 소리 또한 그대로 듣는 분입니다. 하나님마저 외면하신다면 우리는 이 답답함을 어디서 풀 수 있겠습니까? 박완서 작가는 남편과 사랑하는 아들을 같은 해에 모두 잃고는 하나님만 원망할 수밖에 없었다고 합니다. '온종일 신을 죽이고 또 죽였다.'라고 합니다. 모든 분노와 살의의 대상이 하나님이 되었기에 그나마 답답한 속을 풀 수 있었습니다. 하나님은 냉혹한 심판관이 아니라, 우리 불평과 하소연을 그대로 다 들으시는 친정아버지와 같은 분입니다.

우리를 불행의 구렁텅이로 몰아넣은 분이 우리가 믿는 하나님이라는 사실은 그래도 일말의 희망을 가져다줍니다. "당신이 내 인생을 그렇게 만들면 안 되지요. 바꾸어주세요." 신에게 책임을 돌림으로써, 신의 개입을 요청합니다. 거두고 빼앗으신 분이 하나님이시기에 다시 돌려놓고 채워주실 분도 하나님입니다. 그런데 그 답을 얻기 위해서는 포기하지 않는 인내와 집요함이 필요합니다. 욥은 성경 40여 장을 채울 정도로 인내하며 질문한 끝에 하나님의 답을 얻었고, 다시 회복되었습니다.

룻기가 성경이 된 이유는 인생의 한계에 절망하지 않고 끊임

　　　　　　　　　룻기, 환대와 연대의 이야기

없이 문을 두드렸기 때문입니다. 나오미와 룻은 굳은 우정과 신뢰로 함께 길을 열었고 운명을 바꾸었습니다. 약한 자들이 서로 연대함으로 운명의 파고를 돌파했던 것입니다. 욥은 홀로 운명에 맞섰다면, 룻과 나오미는 함께 맞섰습니다. 강한 한 사람보다 약한 두 사람의 연대가 더 강한 힘을 발휘합니다. 생존의 위기가 두 사람을 한 운명 공동체처럼 만들었고, 우정과 사랑으로 거센 바람을 견뎠습니다. 그러다 기회가 왔고, 그들은 이 역전의 기회를 단단히 붙잡았습니다.

단지 죽지 않고 살려는 몸부림이었는데 이것이 놀랍게도 하나님의 뜻을 이루는 도구가 되었습니다. 이스라엘과 모압, 이스라엘과 이방인 간의 차별을 금지하려는 하나님의 뜻을 실현했던 것입니다. 더 나아가 다윗과 그리스도로 이어지는 구원사의 연결점이 되었습니다. 우리 운명이나 우리의 일상사는 신의 뜻이 펼쳐지는 무대입니다. 생명을 향한 우리의 분투는 신성합니다.

민족 배타주의에 도전한 요나 이야기

룻기는 바벨론 포로기 이후로 추정되는 요나서 옆에 붙여놓
는 것이 더 적절해 보인다. 둘 다 아름다운 이야기 문학으로, 에스
라와 느헤미야 시대 이후 강력해진 민족 배타주의에 도전하고 있
다. 에스라는 제2의 모세라 불릴 정도로 율법에 열심이었고, 제사
장과 레위인 중심의 율법 중심 국가를 확립한 결정적 인물이다. 본
격적인 유대교Judaism의 시작으로 출신을 증명하는 족보가 중요해
졌고, 이방인과 결혼이나 교제가 엄격히 금지되었다. 지금도 그렇
지만 민족주의나 배타주의 광풍에 맞서기는 쉽지 않다. 세계주의
와 보편성을 주장하는 요나서가 성경이 된 것은 실로 하나님 말씀
의 위대함을 증명한다 할 것이다.

요나서는 예언이나 하나님 말씀이 아닌, 선지자 자신의 삶이
메시지가 된다는 점에서 독특하다. 요나서의 무대가 되는 니느웨
는 북왕국 이스라엘을 멸망시켰던 앗수르의 수도이다. 이를 근거
로 요나가 북왕국 선지자이며, 기록연대는 BC 8세기라는 식으로
역사적으로 접근한다면 메시지 도출에 실패한다. 니느웨는 민족
의 원수이자 대표적 이방 민족으로서, 이들 또한 회개하면 하나님
의 구원을 받는다는 메시지를 전하기 위한 일종의 우화의 무대일

뿐이다. 요나는 '이야기'이기에 사실성보다는 이야기 전개에 몰입할 때 요나서를 제대로 읽을 수 있다.

　　요나의 캐릭터 설정값은 완고한 국수주의 선지자이다. 요나와 정반대 성향이 하나님이 원하시는 인간상이다. 선지자 요나에게 "저 큰 성읍 니느웨로 가서"[1:2] 심판을 외치라는 하나님의 신탁이 내려왔다. 그러면 보통은 "말씀에 순종하여 일어나 외쳤더라."가 되어야 하는데, 요나는 하나님 말씀을 무시하고, 니느웨의 정반대쪽 다시스로 가려고 욥바로 내려갔다. 성경은 "여호와의 낯을 피하여"란 단어를 두 번[1:2] 사용하는데, 마치 "하나님 꼴도 보기 싫어요." 하는 요나의 마음을 잘 드러내고 있다.

　　이후 요나의 인생은 내려감의 연속이다. 다시스로 가는 길은 계속 내려가는 길이다. 요나는 욥바로 내려갔다.[1:3] 번역은 '배에 올랐다'로 되었지만, 원문은 '배로 내려갔다.'이다. 이어서 배 밑바닥까지 내려간다.[1:5] 결국 풍랑을 만나서 깊은 바다속으로 내려갔고[2:3], 산의 뿌리까지 내려갔다.[2:6] 하나님의 뜻을 거스르는 길은 영적 하강의 길이다.

　　하나님이 요나를 돌이키려고 바다에 풍랑을 일으켜 배가 전복될 위기에 처했다. 이런 소동이 났는데도 요나는 배 밑바닥에서 깊이 잠들어 있다. 잠든 요나를 깨운 것은 배의 선장이었다. "자는 자여, 어찜이뇨? 일어나서 네 하나님께 구하라."[1:6] 폭풍이 잠잠하지 않자 배에 탄 사람들은 이 재앙이 누구의 죄 때문에 발생해 신의 노여움을 일으켰는지 제비를 뽑아서 범인을 색출해 낸다. 예상대로 요나가 뽑혔고, 요나는 "너희가 이 큰 폭풍을 만난 것이 나의 연고인 줄을 내가 아노라."1:12라며 자기 죄를 고백한다.

선원들은 요나가 범인인 줄 알았지만, 요나를 바로 바다에 던지지 않는다.1:13 어떻게든 배를 육지 쪽으로 돌려 요나의 생명을 살리려고 노력하였다. 그러다 여의치 않자 최후의 수단으로 요나를 바다에 던진다. 뱃사람들은 이방인들이지만 오히려 사람의 생명을 아낀다. 교리나 당위보다 앞서는 것은 사람의 생명이다.

바다에 던져진 요나를 큰 물고기가 삼켰고, 요나는 3일 동안 물고기 뱃속에 갇힌다. 요나를 상징하는 대표적인 사건으로 어린이들이 가장 좋아하는 장면이다. 이 물고기가 고래였는지는 모르겠지만, 성경에 언급된 가장 희한한 기적 중 하나이다. 그래서 이 기적의 진실성에 대한 논란이 있었다. 요나를 삼킬만한 그런 큰 고기가 존재하는가? 뜨거운 위산이 쏟아지는 곳에서 견딜 수 있었을까? 한 소설가는 요나가 물고기 신장의 둔덕 위에 앉아서 기도했을 것이라는 상상을 펼치기도 했다. 요나 이야기는 나중에 동화 《피노키오》의 한 장면이 되기도 했다. 요나는 우화나 이야기식 구성이다. 우화에서 사실성을 따지면, 그 메시지를 읽어낼 수 없다.

요나는 물고기 뱃속에서 1절에서 10절에 이르는 긴 기도를 드린다. 이 기도는 시편에서 흔히 볼 수 있는 고난 속에서 드리는 감사와 찬양의 기도이다. 문제는 이 기도를 요나의 회개 기도로 볼 수 있는가이다. 자기 잘못에 대한 구체적 회개가 없고, 이후 요나의 모습을 보면 여전히 하나님의 뜻에 불순종한다. 이 시편 찬양은 아름답지만, 요나 자신의 실제 삶에서 돌이킴의 행동이 없기에 공허해지고 만다. 마치 '예배 따로, 삶 따로'인 가식적 신앙인의 모습을 보는 듯하다.

물고기가 요나를 육지에 토해 내고, 요나는 이번에는 순종하여 니느웨에 가서 하나님의 말씀을 외친다. 니느웨는 걸어서 사흘 길이나 될 만큼 큰 성읍인데, 요나는 단 하루 만에 하나님의 말씀을 전한다.3:3-4 니느웨가 회개하는 것을 바라지 않았던 요나는 빠른 속도로 가며 건성으로 하나님 말씀을 전했을 가능성이 높다. 실제로 니느웨 백성이 모두 회개하고 하나님이 재앙을 내리지 않자 요나는 "매우 싫어하며 성을 낸다."4:1 심지어 자기를 죽여 달라고 한다. 요나는 화가 나 있고, 여전히 하나님과 맞짱 뜨고 있다.

이는 요나 한 개인의 문제이거나, 니느웨 한 도시만의 문제가 아니다. 그것은 정통신학과 하나님의 충돌, 화석화된 교리와 살아계신 하나님의 충돌이다. 지금 문제되는 것은 이스라엘의 선민사상이다. 이스라엘만이 하나님의 선택을 받았고, 그래서 다른 민족은 하나님의 진노의 대상이고 마땅히 심판을 받아야 한다는 것이다. 니느웨는 이방의 대표적 도시일 뿐만 아니라, 실제 선민 이스라엘을 침탈하고 괴롭혔던 대표적인 세력이다. 하나님은 요나

이야기를 통하여 이런 악한 니느웨를 구원함으로써, 모든 민족과 생명을 사랑하시고, 그들이 구원받기를 원하시는 만민의 하나님임을 보여주신다. 그런 점에서 요나서는 신약시대를 예견하며, 이방인 선교의 문을 열고 그 합법성을 제공한 선지서라 할 것이다.

화가 난 요나는 하나님이 끝까지 니느웨를 심판하지 않으실지 두고 보겠다며, 성읍 맞은 편 박넝쿨 그늘아래 자리를 잡고 지켜보기로 한다.⁴:⁵⁻⁶ 그런데 하나님은 짓궂게도 중동의 뜨거운 태양과 사막의 동풍으로부터 요나의 머리를 시원하게 했던 박 넝쿨을, 벌레를 보내어 모두 시들게 만드신다. 뜨거운 열기를 견디지 못하고 요나가 죽을 것같이 고통스러워할 때 하나님은 이렇게 말씀하신다.

"네가 수고도 아니하였고, 재배도 아니하였고, 하룻밤에 났다가 하룻밤에 말라버린 이 박넝쿨을 아꼈거든, 하물며 이 큰 성읍 니느웨에는 좌우를 분변하지 못하는 자가 십이만여 명이요, 가축도 많이 있나니 내가 어찌 아끼지 아니하겠느냐?"⁴:¹⁰⁻¹¹

하나님은 이스라엘의 하나님을 넘어, 온 세계와 우주의 하나님이시다. 모든 인류와 모든 생명을 사랑하시며, 피조물은 그분의 보호하심을 받는 하나님의 작품들이다. 요나서는 편협한 민족주의와 국수주의를 깨뜨리고 있다. 흥미롭게도 요나서는 위 11절의 하나님 말씀과 함께 갑자기 끝이 난다. 요나가 회개했다는 말이나,

요나의 반응이 없다. 요나서는 매우 능숙한 솜씨로 성경을 읽는 독자들에게 도전한다. "당신은 어떻게 할 것인가?" 요나는 침묵을 통해 그 결단을 우리에게 넘기고 있다.

※ 본문의 첫 그림은 중세 유대교 기도서 《마흐조르 *Tripartite Mahzor*》에 실린 〈룻기 오프닝〉[1322]이다. 룻과 보아스와 나오미가 등장하고, 보리 추수 장면을 삽화처럼 그렸다. 전체적인 색감과 분위기가 화려하고 아름답지만, 특이하게도 룻을 비롯한 여성들의 얼굴을 동물 모양으로 그려 넣었다. 이 해석이 분분한데, 남성들의 시선으로부터 여성들을 보호하려는 경건한 의도였다는 주장이 설득력 있게 제시되었다. 그렇지만 현대의 독자가 얼핏 보기에는 여성 비하나 유대인 혐오가 투영된 것으로 해석할 수도 있겠다. 룻기는 이것과는 달리 여성 차별, 민족 차별에 저항하는 책이다.

⁶ 나오미는 하나님이 그의 백성에게 은혜를 베푸셔서 양식을 주셨다는 말을 듣고는 일어나 그의 며느리들과 함께 모압 땅을 떠나 고향으로 돌아가기로 했다. ⁷ 있던 곳을 떠나 두 며느리와 함께 유대 땅으로 돌아오던 길에 ⁸ 나오미가 그들에게 말했다. "각자 너희 어머니 집으로 돌아가라. 너희가 죽은 자들과 나에게 베풀었던 것과 같이 하나님께서 너희에게 자비헤세드를 베푸시길 바란다. ⁹ 하나님께서 허락하셔서 각각 남편의 집에서 행복을 찾기를 바란다." 이어서 나오미가 입맞춤을 했고, 두 며느리는 소리를 높여 울었다. ¹⁰ 며느리들이 말했다. "아닙니다. 우리는 반드시 어머니와 함께 어머니 백성에게 돌아갈 것입니다." ¹¹ 그러자 나오미가 말했다. "내 딸들아, 돌아가라. 어찌 나와 함께 가려느냐? 내 뱃속에는 장차 너희의 남편이 될 아들들이 없다. 내 딸들아, 돌아가라. 가라! 나는 너무 늙어 다시 남편을 가질 수 없다. 설령 오늘밤 내가 남편을 두어 아들을 얻는다 할지라도 ¹³ 너희가 어찌 그들이 자랄 때까지 기다릴 수 있겠느냐? 어찌 그때까지 결혼을 포기하려느냐? 안 된다, 내 딸들아! 너희들 때문에 내 마음이 더 아프다. 하나님의 손이 나를 치셨다." ¹⁴ 그들은 소리를 높여서 다시 울었다. 오르바는 나오미에게 입맞춤을 한 후 자기 백성에게 돌아갔지만, 룻은 오히려 시어머니에게 더 달라붙었다. ¹⁵ 그러자 나오미가 말했다. "보라, 네 동서는 그의 백성과 그의 신들에게로 돌아갔다. 너도 네 동서를 따라서 돌아가라!" ¹⁶ 이에 룻이 말했다. "당신을 떠나지 말게 하시고, 당신과 함께 가는 것을 막지 말아주소서.

당신이 가는 곳이면 어디든 나는 갈 것이고,
당신이 머무는 곳이면 나 또한 머물 것이고,
당신의 백성은 내 백성이 될 것이고,
당신의 하나님은 내 하나님이 될 것입니다.
¹⁷ 당신이 죽는 곳에서 나 또한 죽어 거기에 묻힐 것입니다.
죽음이 우리 사이를 갈라놓는 것 외에 당신을 떠난다면
하나님이 나에게 벌을 내리시고, 더한 벌도 내리시기를!"

¹⁸ 나오미는 룻이 자기와 함께 하기로 굳게 결심한 것을 보고는 이 일에 대해 더 이상 말하지 않았다.

2

룻의 의리

나오미의 귀향

룻기의 주된 메시지는 여성들의 생존을 위한 투쟁이고, 주요 모티프는 귀향입니다. 나오미가 고향 베들레헴으로 돌아갑니다. 그 과정에서 나오미의 며느리 오르바는 고향인 모압으로 돌아가고, 룻은 나오미와 함께 베들레헴으로 향합니다. 그러나 며느리 룻에게는 귀향이 아니라, 고향 땅과 아비 집을 버렸던 아브라함처럼 새로운 땅을 향한 여행입니다.

'돌아간다.'라는 단어가 1장에서만 12번이나 사용됩니다. 히브리어로는 '수브'인데 이 단어는 보통 '여호와께로 돌아간다.'라는 말과 같이 신앙적으로 사용되었습니다. 회개의 의미입니다. 그러나 나오미의 경우는 신앙적 돌아감이 아닙니다. 6절의 "여호와께서 자기 백성을 돌보시사 그들에게 양식을 주셨다 함을 듣고"에서처럼 먹을 것이 그곳에 있기 때문입니다. 자부들에게 각자의 고향으로 돌아가라 했던 이유도 그들의 생존 때문이었습니다. 나오미는 "네 동서는 그의 백성과 그의 신들에게로 돌아갔다."라고 말합니다. 이들은 여호와 신앙에 별 관심이 없습니다. 생존의 위기에서 신앙은 부차적인 자리로 밀려났습니다.

그러나 어찌 되었든 나오미는 베들레헴으로 돌아왔고, 룻도 함께했습니다. 이곳에서 하나님의 복을 받게 되었고, 결국 하나님께 돌아온 것이 되었습니다. 그렇다면 이는 하나님이 이들의 돌아옴을 신앙적 사건으로 만들었다고 말하는 것이 더 정확한 표현일 것입니다. 결국은 은혜입니다. 내가 현명해서도, 아니면 내가 어리석어서도 아닙니다. 미래를 누가 예측할 수 있겠습니까? 각자는 최선을 다할 뿐이고 좋은 결과가 나왔다면 하나님께 감사하고 찬양하면 됩니다. 결과가 예상 밖이라면 하나님의 다른 뜻을 생각하며 후일을 기약하면 됩니다.

지금 이 여인들에게 신앙은 그리 중요하지 않습니다. 삶이나 생존이 먼저고, 신앙은 수단에 불과할 뿐입니다. 나오미가 한 "여호와께서 너희를 선대하시기를 원하며"8절 라는 말은 언뜻 보면 매우 신앙적인 것 같습니다. 그러나 나오미가 사용하는 언어는 일반적 용어인 '신'이나 '운명'처럼 상투적인 표현일 뿐입니다. 이랬던 나오미가 하나님의 살아계심을 체험해 가는 과정이 룻기의 전개입니다. 지금 이들에게는 가장 급선무가 생존입니다. 생존보다 더 위대한 것은 없습니다. 하나님도 인간의 이런 형편을 이해하시고 용납하십니다.

고대 사회에서 여성들의 운명은 남성들보다 더 가혹했습니다. 룻기는 고대 여성들이 공통적으로 당했던 위기를 그대로 보여줍니다. 과부 세 명만 남았습니다. 생존의 위기에서 신앙이나 동족이나 핏줄은 중요하지 않습니다. 자기 생존에 유리한 것이 선입니다. 그래서 일단은 베들레헴으로 가기로 하였습니다. 베들레헴으로 향하던 도중 나오미가 두 자부를 각자의 고향으로 돌려보내려 합니다. 고향에 가면 자기 한 몸이야 건사할 수 있겠지만, 이방인인 두 며느리의 생존은 예측할 수 없습니다. 가난한 자가 다른 가난한 자를 더 생각하기 마련입니다.

형사취수법

처음에는 두 자부 모두 완강히 거부합니다. 이에 나오미가 그 이유를 설명하는데 고대 여성들의 비참한 운명이 어떠한지 잘 보여줍니다. 고대 여성들은 남편이나 그 아들에 기대어 살아야 합니다. 나오미는 자기가 줄 수 있는 아들이 없다고 합니다. 늙은 나이에 결혼할 수도 없고, 설사 결혼해서 아들을 낳아도 오래 기다려야 한다고 하였습니다.

여기서 문제가 되는 당시 생활풍습은 형사취수兄死娶嫂 법입니다. 레비레이트Levirate라 불리는 이 제도를 신명기에서는 이렇게 설명합니다. "형제들이 함께 사는데 그중 하나가 죽고 아들이 없거든, 그 죽은 자의 아내는 나가서 타인에게 시집가지 말 것이요, 그의 남편의 형제가 그에게로 들어가서 그를 맞이하여 아내로 삼아, 그의 남편의 형제 된 의무를 그에게 다 행할 것이요, 그 여인이 낳은 첫아들이 그 죽은 형제의 이름을 잇게 하여 그 이름이 이스라엘 중에서 끊어지지 않게 할 것이니라."신명기 25:5-6 형사취수법은 죽은 형제의 이름을 잇게 해주려는 목적입니다. 또한 이는 가문의 재산을 보존하거나, 홀로 남은 여성을 보호하려는 목적도 있습니다.

룻기는 이 형사취수법이 주요 소재가 되어 이야기가 전개됩니다. 룻기에서는 형사취수법의 의무가 친형제를 넘어 먼 친척에게까지 확대된 것을 볼 수 있습니다. 룻과 나오미는 자신들의 생명 줄인 보아스를 붙잡았습니다. 여러 술수와 집요함으로 보아스와 결혼에 이릅니다. 겉만 보면 나오미와 룻, 두 여자가 작당하여 보아스란 남자를 홀린 것처럼 보입니다. 그런데 이로 말미암아 다윗의 혈통이라는 구원사가 이어질 수 있었습니다. 생존 투쟁이, 성경에 기록된 하나님 말씀을 성취하고, 하나님의 뜻을 실현하는 도구가 되었습니다.

　　　　　　　룻기, 환대와 연대의 이야기

　　성서에 등장하는 여성들은 대부분 척박한 현실에서 악착같은 생명력을 보였습니다. 창세기에 등장하는 유다의 며느리 다말 이야기창세기 38:1-30가 대표적입니다. 다말은 유다의 맏며느리였습니다. 그런데 연이어 두 아들이 죽자, 유다는 다말에게 형수를 취하는 형사취수법을 남은 자식에게 행하려 하지 않았습니다. 이에 다말은 창녀로 분장하여 시아버지 유다를 유혹하였고, 결국 동침하여 임신하게 됩니다. 이 사실을 알게 된 유다가 분노하여 며느리 다말을 죽이려 합니다. 그러자 다말은 유다에게서 훔쳤던 여러 증표를 보이며, 이 태아는 바로 당신의 씨라고 밝힙니다.

　　자초지종을 듣고서 그때 유다가 다말에게 했던 말입니다. "그는 나보다 옳도다."38:26 '옳도다.'라는 히브리 단어는 '체다카'입니다. 법이나 사회적 정의를 말할 때 사용하는 용어입니다. 도덕적 기준으로 보면 패륜적인 행동이 분명한데 의롭다고 합니다. 무엇이 의롭습니까?

　　다말은 이 과정에서 쌍둥이 아들 베레스와 세라를 낳았고, 이들을 통해 유다 가문이 이어졌습니다. 유다 아들의 이름을 살렸을 뿐만 아니라 구원사를 이어가게 했습니다. 윤리에 앞서는 것은 생존입니다. 다말의 생존을 위한 투쟁이 결국 하나님의 뜻을 이루는 도구가 되었습니다. 룻과 나오미는 하나님 말씀을 이용하여(?) 생존을 도모했고, 결국 이것이 하나님 뜻의 성취를 가져왔습니다. 가난한 민중들에게 성도덕 운운하는 것은 사치이고, 가부장적인 판단입니다. 다말이나 룻이나 그들은 모두 의롭습니다.

윌리엄 블레이크, 《나오미, 룻, 오르바》, 1795

룻의 결단

이 상황에서 오르바는 고향 모압으로 돌아갔고, 룻은 끝까지 나오미와 함께하기로 결단합니다. 이후의 결과가 잘 되어서 그렇지 오르바의 선택이 잘못된 것은 아닙니다. 바로 돌아서지 않고 중도까지 따라온 것으로 그 또한 의리가 있었음을 보여줍니다. 오히려 자신이 짐이 된다고 생각해서 돌아섰을 수도 있습니다. 성경이 오르바의 행위를 비난하지 않는데, 누가 그의 선택이 잘못되었다

룻기, 환대와 연대의 이야기

고 비난할 수 있겠습니까?

여기서 빛나는 것은 룻의 선택입니다. 룻은 나오미와 함께 하겠다며 16, 17절의 감동적인 고백을 합니다. "어머니께서 가시는 곳에 나도 가고, 어머니께서 머무시는 곳에서 나도 머물겠나이다. 어머니의 백성이 나의 백성이 되고, 어머니의 하나님이 나의 하나님이 되시리니, 어머니께서 죽으시는 곳에서 나도 죽어 거기 묻힐 것이라. 만일 내가 죽는 일 외에 어머니를 떠나면 여호와께서 내게 벌을 내리시고 더 내리시기를 원하나이다."

이 고백은 결혼식에서 신랑 신부가 서로를 향해 다짐하는 유명한 결혼 서약이 되었습니다. 어머니 대신 '예수님'을 넣으면 이 또한 예수님을 향해 충성과 사랑을 고백하는 대단한 신앙고백이 됩니다. "예수님께서 가시는 곳에 나도 가고, 예수님께서 머무시는 곳에서 나도 머물겠나이다. 예수님의 백성이 나의 백성이 되고, 예수님의 하나님이 나의 하나님이 되시리니, 예수님께서 죽으시는 곳에서 나도 죽어 거기 묻힐 것이라. 만일 내가 죽는 일 외에 예수님을 떠나면 여호와께서 내게 벌을 내리시고 더 내리시기를 원하나이다."

유대 미드라쉬에서는 이 고백을 룻이 이방 신앙을 버리고 여호와 신앙으로 돌아서는 완전한 회개로 봅니다. 나오미는 이 고백을 토대로 룻에게 율법 교육을 시켰다고 합니다. **룻 라바 2,22-24** 나오미가 룻을 가르쳤던 방식대로 예수님과 제자의 관계에 적용하면 다음과 같습니다.

예수의 제자는 예수님처럼 군림과 권력의 길을 가지 않고, 희생과 섬김의 길을 갑니다.walk, 영어는 원문 대신 사용 예수의 제자는 그리스도의 이름으로 서로 모이기를 힘쓰며, 나그네를 환대하며, 도움을 필요로 하는 자와 함께 머뭅니다.abide 예수님의 백성people이 된다는 것은 선교와 이웃 사랑의 계명을 짊어지는 것을 말합니다. 그리스도를 주님God으로 모신다는 것은 다른 신이나 세상의 가치를 따르지 않고, 그리스도만 사랑하고 그의 명령에 복종하는 것을 말합니다. 예수의 제자에게는 세상 모든 곳이 그의 무덤입니다.buried 죽음조차 우리를 갈라놓지part 못하며, 부활 생명의 자리에까지 영원히 예수님과 함께합니다. 그리스도와 제자의 관계처럼 룻과 나오미는 강력한 연대를 형성합니다.

영화에 버디buddy 무비가 있습니다. 두 사람이 주인공이 된 영화로, 주로 남자 둘이나, 여자 둘로 구성됩니다. 고전으로는 폴 뉴먼과 로버트 레드포드 주연의 《내일을 향해 쏴라》1969가 있고, 여성 버디 무비로는 리들리 스콧 감독의 《델마와 루이스》1991가 있습니다. 보수적 가정의 델마와 식당 웨이트리스 루이스가 여성에게 억압적인 사회적 벽을 깨는, 일탈 여행이 영화의 줄거리입니다. 룻기 또한 버디 무비의 일종이라 할 수 있는데 나오미와 룻이 그렇습니다. 이 두 사람이 한마음과 한 몸이 되어 어려움과 장애를 돌파해 나갑니다.

14절의 "룻은 그를 붙좇았더라."라는 문장은 의미심장합니다. 이는 창세기에서 아담과 하와의 결합에 사용되었던 단어입니다. "남자가 부모를 떠나 그의 아내와 합하여 둘이 한 몸을 이룰지로다."2:24 여기 '합하여'와 '붙좇다'는 동일한 히브리어 '다바크'입니다. 표준새번역은 "룻은 오히려 시어머니 곁에 더 달라붙었다."라고 번역합니다. 퀴어신학에서는 둘의 관계를 시어머니와 며느리 사이를 넘어 레즈비언적 관계로 해석하는 경향이 있는데, 이는 시대적 상황에 맞지 않는 지나친 면이 있습니다. 그러나 이 둘의 관계는 우정 또는 의리라 표현할 수밖에 없을 정도로 매우 긴밀했습니다. '룻'Ruth이라는 이름의 뜻을 일반적으로 학자들은 '(여성) 친구' 또는 '(여성 간) 우정'으로 해석합니다. 룻기는 나오미와 룻의 여성 간 우정과 의리를 그린 이야기입니다.

현재 한국 사회는 결혼이 늦어지고 독신도 증가하는 추세입니다. 하나님의 은사에 따라 결혼 유무는 선택할 수 있습니다. 그러나 어떤 형태가 되었든 공동체는 필요합니다. 인간은 홀로 설 수 없습니다. 함께 있으면 없던 힘도 나고 위기도 견딜 수 있습니다. 교회라는 공동체가 그렇습니다. 어떤 분들은 기독교의 교리나 예수님 말씀은 좋은데 기독교인들이 싫어서 교회를 멀리하려 합니다. 그래서 혼자 기도하고 말씀 읽으며 나홀로 신앙생활 하겠다는 분들이 가끔 있습니다. 이런 분들은 대부분 자신의 공언과는 달리 신앙마저 조만간에 잃게 될 것입니다.

십자가의 성 요한Saint John of the Cross은 이렇게 말씀합니다. "홀로 떨어진 고고한 영혼은 홀로 타는 석탄과 같다. 그 불길은 이제 식는 일만 남았다. 더 이상 뜨거워지지 않을 것이다." 신앙은 세상의 가치와 악한 세력들에 대항하는 투쟁입니다. 서로 모여서 기도하며 찬양하며 격려할 때 지치지 않고 싸울 수 있습니다. 내가 힘들 때는 옆 사람이 기도로 도와주고, 내가 여유가 있으면 그것으로 다른 사람을 돕습니다. 서로 격려할 때 신앙의 불이 꺼지지 않고 활활 탈 수 있습니다.

룻의 결단은 정말 대단합니다. 룻은 실상 민족도, 종교도, 고향도 버렸기 때문입니다. 아브라함이 고향, 친척, 아비집을 버렸던 결단과 같습니다. 룻이야말로 믿음의 조상입니다. 더구나 아브라함은 하나님의 약속을 받았지만, 룻은 어떠한 언질이나 약속을 받은 적이 없습니다. 단지 사랑 때문에, 의리로만 이런 엄청난 선택을 했기에 그의 결단은 더 위대합니다.

하나님이 룻에게 복을 주신 이유는 이 의리 때문입니다. 나오미에게 선대 곧 '헤세드'를 베푼 룻을 하나님께서 선대하셨습니다. "너희가 죽은 자들과 나를 선대한 것 같이 여호와께서 너희를 선대하시기를 원하며"8절 우리는 서로 헤세드를 주고 받으며 삽니

　　　　　　　　　　　　　　룻기, 환대와 연대의 이야기

다. 우리가 가난한 이웃에게 헤세드를 베풀면, 하나님은 우리를 향해 헤세드를 잊지 않고 베푸실 것입니다.

소수자 하갈 이야기

성경에서 룻과 같은 처지의 여인으로 창세기의 하갈이 있다. 하갈 이야기창세기 16:1-16, 21:9-21와 그 아들 이스마엘의 족보25:12-18가 언급될 정도로 분량이나 비중이 작지 않다. 하갈은 "여종, 애굽 사람"16:1으로 불리는데, 전형적인 이방인에다, 여성이고, 노예인 약자이다. 사라는 자신이 아이를 못 낳자 솔선해서 하갈을 아브라함에게 '첩'16:3으로 주었다. 개역한글은 '첩'으로 번역했는데, 아니다, '여자로', '아내로'wife 주었다가 맞다.

그러나 사라와 하갈의 관계는 룻과 나오미처럼 의리와 연대의 관계가 아니었다. 사라는 하갈을 이용해서 자신의 부족한 부분을 채우려고 하였다. 반면에 하갈은 아이를 임신하자 자기 여주인을 무시하기 시작했다. 가부장제 사회에서 여성은 자녀를 낳을 때야 비로소 자기실현이 가능하고 권력을 얻는다. 두 부인 간에 싸움이 벌어졌지만, 아브라함은 전혀 중재할 생각이 없는 무책임한 모습을 보인다. 아브라함의 태도는 마치 분열시켜 지배하는divide and rule 제국주의 권력자 같다. 결국 아브라함을 등에 엎은 기득권자 사라가 하갈을 학대하였고, 하갈은 달아나기에 이른다.16:6 여성신학자 트리블Phyllis Trible은 사라가 학대하여 애굽 여인 하갈이 달아난 것을, 애굽 제국이 학대하여 이스라엘 백성이 달아난 출애굽 사건출애굽기 14:5에 견준다.《공포의 텍스트 *Texts of Terror*》, 13

광야를 헤매던 하갈을 도왔던 것은 사람이 아닌 하나님이었다. 모세가 방황하다 광야에서 하나님을 만났듯, 하갈 또한 광야에서 하나님을 만났다. 하갈은 또한 아브라함에게 주어졌던 것과 같은 약속을 받는다. "내가 네 씨를 크게 번성하여 그 수가 많아 셀 수 없게 하리라."16:10 "내가 그에게 복을 주어 그를 매우 크게 생육하고 번성하게 할지라. 그가 열두 두령을 낳으리니, 내가 그를 큰 나라가 되게 할 것이다."17:20

하나님을 만난 후 하갈은 하나님의 이름을 "나를 살피시는 하나님"16:13이라 부른다. 히브리어로 '엘 로이'인데 이는 '지켜보시는 하나님', '돌보시는 하나님'이라는 뜻이다. 하나님은 이스라엘의 하나님이기 이전에 실로 모든 가난한 자와 약자와 이주민, 모든 고난 받는 자를 지켜보며 돌보시는 하나님이다. 그러므로 고아와 과부와 소수자에게 불친절한 것은 하나님을 외면하는 것과 같다. "그의 거룩한 처소에 계신 하나님은 고아의 아버지시며, 과부의 재판장이시라."시편 68:5

　　　　　　　　롯기, 환대와 연대의 이야기

하갈은 하나님의 말씀대로 다시 아브라함의 집으로 돌아갔고, 거기서 아들 이스마엘을 낳는다. 이스마엘은 하갈이 자신의 체험을 따라 지은 이름으로 '하나님이 들으셨다.'라는 뜻이다. 하나님은 우리 한숨과 탄식의 소리를 듣는 분이시다. 이스마엘은 아브라함 86세에 낳은 첫아들이지만, 100세에 이삭이 태어나면서 다시 갈등이 불거진다. '아브라함의 아들'이지만, 여전히 '애굽 여인 하갈의 아들'21:9이라 불리는 이스마엘이 어린 이삭을 놀렸다. 장자권 경쟁이 시작된 것이다. 위기를 느낀 사라는 "이 여종과 그 아들을 내쫓으라."21:10라는 명령을 내린다. 사라의 눈에 하갈은 여전히 '여종'일 뿐이다.

두 번째 쫓겨난 하갈은 브엘세바 광야에서 방황하다, 물이 떨어져 죽게 생기자 소리내어 울었다. "화살 한바탕 거리 떨어져, 마주 앉아 바라보며 소리내어 우니."21:16 그 통곡이 하늘에 닿았고, 하나님의 사자가 하갈의 눈을 열어 샘물을 발견하게 한다. 하갈의 인생사는 4백여 년 후 겪을 이스라엘의 출애굽 역사의 전조적 예표이다. 이스마엘은 하나님으로부터 '큰 민족'이 될 축복을 다시 받았다. 창세기 25장 12-18절에는 이스마엘의 족보가 소개되고 있다. 이 족속이 현대 아랍 민족의 조상이 되었으며, 이슬람교는 이스마엘을 그 시조로 여긴다.

지금 중동에서는 유태인과 아랍계가 싸우고 있지만, 이들은 모두 아브라함의 자손들이다. 실제 십자군 전쟁 때에는 유태인과 아랍계가 연합하여 기독교에 대항하기도 했다. 그런데 기독교 또한 아브라함을 믿음의 조상이라 고백한다. 사라와 하갈이 그때 연합하였다면 지금과 같은 갈등은 없었을까? 어찌 되었든 고난과 장애를 뚫고 한 생명을 낳고 지키려는 하갈의 노력이 위대한 한 민족을 만들어냈다. 하갈의 인생사는 출애굽, 출바벨론 이전의 출아랍의 역사를 대변한다.

룻기, 환대와 연대의 이야기

밀레, 《추수꾼들의 휴식(룻과 보아스)》, 1853

1:22 나오미가 그의 며느리 모압 여인 룻과 함께 모압 땅에서 돌아왔는데, 그들이 베들레헴에 왔을 때는 막 보리 추수를 시작할 무렵이었다. 2:1 나오미 남편 엘리멜렉의 친척 중에 큰 부자가 있었는데 그 이름은 보아스였다. 2 모압 여인 룻이 나오미에게 말했다. "내가 밭에 나가 이삭을 줍도록 허락하소서. 누군가 은혜를 베풀면 그 뒤를 좇아 이삭을 줍겠나이다." 이에 나오미가 "내 딸아, 가라."라며 허락했다. 3 룻은 나가 추수꾼들을 좇아가며 밭에서 이삭을 주웠다. 그러다 우연히 엘리멜렉의 친척인 보아스가 소유한 밭에 이르게 되었다. 4 마침 보아스가 베들레헴에서 나와 그곳에 있었다. 보아스가 추수꾼들에게 "하나님이 너희와 함께하시기를!" 하고 축복하자, 그들이 "하나님이 당신에게 복 주시기를!" 하며 화답했다. 5 보아스가 룻을 발견하고는 추수꾼들을 감독하는 그의 종에게 "저 젊은 처자는 어느 집안 사람이냐?" 하고 물었다. 6 그 젊은 종이 대답했다. "그는 나오미와 함께 모압 땅에서 돌아온 젊은 모압 여인입니다. 7 그가 추수꾼들을 따라서 단에서 떨어지는 이삭을 주워 모을 수 있도록 허락해 달라고 했습니다. 그는 아침부터 지금까지 조금도 쉬지 않고 일하고 있습니다." 8 보아스가 룻에게 말했다. "내 딸아 내 말을 들으라. 더 이상 다른 밭으로 이삭을 주우러 가지 말라. 이곳을 떠나지 말고 여기에서 다른 여인들과 함께 머물라. 추수하는 밭에서 무엇이 떨어지는지 잘 보고 그 뒤를 좇으라. 내 종들이 너를 손대지 못하도록 일러 놓았다. 목이 마르면 항아리에 가서 종들이 길어온 물을 마셔라." 10 룻이 엎드려 얼굴을 땅에 대고 보아스에게 말했다. "나는 이방 여인인데 어찌 나에게 은혜를 베푸시며, 나를 눈여겨보시나이까?" 11 보아스가 대답했다. "네가 네 남편이 죽은 후, 네 시어머니에게 했던 것들을 나는 다 알고 있다. 너는 네 아비와 네 어미 집과, 네가 태어났던 땅을 떠나, 네가 전에 알지 못했던 사람들에게 왔다. 12 하나님이 네가 행했던 일에 보답해 주시길! 피난처를 찾아 이스라엘 하나님의 날개 아래로 온 너에게 하나님이 충분한 상을 주시길 원하노라." 13 룻이 말했다. "내 주여, 당신에게서 계속해서 은혜 입기를 바라나이다. 당신은 나를 생각해 주시고, 당신의 여종 중 하나보다 못한 나를 친절하게 대하셨나이다."

이삭 줍는 여인

이삭줍기

유대교에서 '메길로트'는 '두루마리' 성경을 뜻하는데, 이중 성문서의 다섯 개 메길로트는 하나의 그룹으로 묶여 주요 절기에 낭송됩니다. 아가서, 룻기, 예레미야애가, 전도서, 에스더서가 그 다섯인데 각각 유월절, 오순절, 성전파괴일, 초막절, 부림절에 읽게 됩니다. 이 중 룻기는 오순절, 달리 맥추절이라 불리는 절기에 읽는데, 본문 1장 22절의 '보리 추수 때'란 설명 때문에 그렇습니다. 룻기의 시간적 배경은 밀과 보리의 수확기, 곧 늦은 봄철에 해당합니다.

룻과 나오미는 베들레헴으로 귀향했지만, 먹을 것이 없습니다. 그래도 다행인 것은 보리barley의 수확기입니다. 룻은 인근 밭으로 나가, 떨어진 보리 이삭을 주우러 갔습니다. 3절의 "룻이 가서 베는 자를 따라 밭에서 이삭을 줍는데," 또 7절의 "나로 베는 자를 따라 단 사이에서 이삭을 줍게 하소서 하였고, 아침부터 와서는 잠시 집에서 쉰 외에 지금까지 계속하는 중이니이다."라는 말씀이 룻이 어떻게 일했는지를 잘 서술하고 있습니다.

마치 이 장면을 재현한 듯 명작으로 탄생시킨 것이 밀레J. F. Millet의 《이삭 줍는 여인들》입니다. 세 명의 여인이 너른 밭을 배경으로 이삭을 줍는 풍경입니다. 얼굴은 보이지 않고, 두 여인은 잃은 바늘을 찾는 듯 허리를 굽혀 거의 머리를 땅에 처박듯이 하고 있습니다. 그중 한 여인은 허리가 아픈 듯 허리에 손을 대고 있습니다. 다른 한 여인은 허리를 펴고 이삭을 추스르고 있습니다. 넓은 화면에 파스텔 톤의 노란 색 계통을 주로 사용하여 추수기의 풍요와 평온함을 느끼게 합니다.

그러나 실상은 그렇지 않습니다. 나는 언젠가 이 그림을 자세히 들여다보다가 여인들의 솥뚜껑같이 투박한 손에 깜짝 놀란 적이 있었습니다. 매우 고단한 농촌의 실상을 적나라하게 보여주는 그림이었습니다. 저 멀리 말을 탄 지주의 모습이 희미하게 보이고, 그 주위로 한 떼의 농부들이 곡식을 털거나 모으고 있습니다. 이 여인들은 적은 먹거리라도 얻을 요량으로 떨어진 보리 이삭을 줍고 있었을 것입니다. 아니면 악랄한 지주가 보리 한 톨 남길 수 없다고 하여 샅샅이 뒤지라는 명령을 내렸을는지 모릅니다.

　　　　　　　　　　　　룻기, 환대와 연대의 이야기

밀레,《이삭 줍는 여인들》, 1858

이는 밀레의 다른 명작인 《만종》에서도 느낄 수 있는 분위기입니다. 예전에 우리나라의 이발소에 흔하게 걸려 있던 그림이 바로 밀레의 《만종》이었습니다. 전원적이고 신앙적이고 평온해 보여서 그랬던 건가요? 멀리서 교회의 종소리가 울리고, 두 부부가 일을 멈추고 경건하게 저녁 기도를 드립니다. 그런데 사실 이 그림의 색감은 흐리고 어둡고 우울합니다. 원본을 보아도 좀처럼 색감을 살리기 힘이 듭니다. 가난한 농부로 보이는 이 부부는 허름한 옷을 입고 있고, 손과 발은 뭉툭하고 얼굴은 흐릿합니다. 가난한 농촌의 현실을 그린 좀 불편한 그림입니다.

밀레의 그림들은 19세기 말의 사실주의, 곧 리얼리즘 화풍에 들어갑니다. 밀레는 전원의 풍경을 그대로 그렸을 뿐인데, 일단 가난한 농부가 주인공으로 등장한 것과, 농촌 사회의 암울한 풍경이 주제가 된 것을 당시 주류 문화는 불편해했습니다. 그래서 밀레의 작품이 처음 발표 되었을 때 "선동적이고 불온한 그림"이라는 비난을 받아야 했습니다. 밀레는 사회주의자로 몰리기도 했는데, 지배층들이 보기에 불편했던 것입니다.

밀레, 《만종》, 1859

《이삭 줍는 여인들》에 등장하는 이 세 명의 여인은 중세 화가들이 즐겨 그리거나 조각했던 '기쁨', '꽃의 만발', '빛남'을 상징

 룻기, 환대와 연대의 이야기

하는 《삼미신》, 곧 세 명의 여신 구도와 유사합니다. 자본주의 사회에서는 신들도 일해야 하는 고단한 존재가 되었습니다. 민중은 신, 곧 주인공이지만 무력하고 가난합니다. 이와 달리 이제 신은 평범한 일상사 속에 존재하고, 누추한 현실에 아름다움이 있다는 긍정적 해석도 가능합니다.

지금 룻은 영락없이 《이삭 줍는 여인들》 중 한 명입니다. 고대 이스라엘에서 '이삭줍기'는 하나님이 내리신 인도적 명령이었습니다. 레위기와 신명기에 반복적으로 등장하는데 그중 레위기 19장 9절과 10절의 말씀입니다. "너희 땅의 곡물을 벨 때에 너는 밭모퉁이까지 다 거두지 말고, 너의 떨어진 이삭도 줍지 말며, 너의 포도원의 열매를 다 따지 말며, 너의 포도원에 떨어진 열매도 줍지 말고, 가난한 사람과 타국인을 위하여 버려두라. 나는 너희 하나님 여호와니라."

가난한 사람은 재산도, 땅도 없고, 노동력도 변변치 않습니다. 이들이 목숨을 연명할 수 있도록 최소한의 조치로 하나님은 추수할 때 밭 모퉁이는 거두지 말고 그냥 놔두라고 명령하신 것입니다. 추수하다가 떨어진 이삭은 줍지 말고 내버려 두어야 합니다. '가난한 사람과 타국인', 이 두 범주에 정확히 해당되었던 사람이 바로 룻이었습니다.

성서의 이런 인도적 조치는 극대화된 효율성을 추구하는 현대의 자본주의 논리와는 맞지 않습니다. 현대 자본주의는 손실률은 최소화하면서 최대한의 결실을 얻으려 합니다. 그러나 성서는 여전히 이런 자본의 방식에 반대합니다. 숨 쉴 틈이 있어야 인간이나 자연이 삽니다. 최대한의 이윤을 뽑으려니 땅이나 생태계가 다 망가지고 맙니다.

자기가 생산한 것의 일부는 가난한 자의 몫입니다. 이것이 하나님이 생각하는 경제윤리이고, 공동체의 모습입니다. 개인적으로는 우리가 번 수입의 일부는 밖으로 내보내라는 말씀입니다. 십일조나 헌금이 그 하나이고, 사회적 기부도 이에 해당합니다. 국가적으로는 가난한 자들이 최소한 먹고 살 수 있는 사회보장 제도를 만들어야 합니다. 성서의 이삭 나눔 정신은 현대 사회에서도 적용가능한 윤리입니다.

룻, 보아스를 만나다

이삭줍기는 하나의 배경이고, 이 일을 계기로 룻과 보아스가 만나게 됩니다. 보아스라는 등장인물 소개는 시작부터 범상치 않습니다. "엘리멜렉의 친족 중 유력한 자가 있으니 이름은 보아스더라." 보아스는 권력도 있고 재력도 있는 지역 유지였습니다. 그런 데다가 나오미 남편 엘리멜렉의 먼 친척이었습니다. 마치 구원

 룻기, 환대와 연대의 이야기

자의 등장과 같습니다. 가난한 신데렐라의 운명을 바꾸어줄 왕자와 같은 영웅의 출현입니다. 우리 식 표현으로는 귀인을 만난 것입니다.

그런데 이 만남은 예정된 만남이었을까요? 아닙니다. 3절에서 "룻이 가서 베는 자를 따라 밭에서 이삭을 줍는데, 우연히 엘리멜렉의 친족 보아스에게 속한 밭에 이르렀더라."라고 말씀합니다. 그냥 이삭을 줍다가 보아스의 밭에 '우연히' 이르게 되었다고 합니다. 현재의 시간으로 보면 우연일 수 있습니다. 그러나 결국 이 만남을 통하여 룻과 보아스가 결혼에 이르게 되고, 다윗의 조상이 되었다는 미래의 관점에서 보면 필연입니다. 요즘은 우연을 가장한 필연이라는 말을 사용하기도 합니다.

사실 우리 주변에 일어나는 일들은 다 필연의 가능성을 가지고 있습니다. 그러나 그것을 일상적인 한낱 사건으로 만들면 정말 우연으로 끝납니다. 우연을 필연으로 만드는 과정이 필요합니다. 결국 문제는 삶의 충실성입니다. 재수 없다고 탓하거나 불행이라고 버리지 말고, 주어진 상황에 충실히 반응하는 것입니다. 그러할 때 그것이 필연적 사건이 됩니다.

보아스가 열심히 이삭을 줍는 룻을 보고는 "저 젊은 여인은 뉘 집 아낙인가?" 하고 물었습니다. 그러자 사환은 "이는 나오미와 함께 모압 지방에서 돌아온 모압 소녀입니다."라고 답합니다. 모압이라는 말이 반복됩니다. '이방인'이라는 뜻입니다. 룻은 베들레헴에 도착하자마자 마을 사람들이 주목하는 대상이 되었습니다. 작은 시골 마을에 외지인 더구나 이방 여인이 왔으니 구설수에 오르기 마련입니다.

이런 곤궁한 처지이기에 룻 또한 스스로를 비천하게 여깁니다. 10절입니다. "룻이 엎드려 얼굴을 땅에 대고 절하며 그에게 이르되, 나는 이방 여인입니다." 13절입니다. "내 주여 내가 당신께 은혜 입기를 원하나이다. 나는 당신의 하녀 중의 하나와도 같지 못합니다." 겸손함이 아닙니다. 약자들이, 사회적 소수자들이 느끼는 곤궁한 처지와 비하적 자기 인식입니다. 현대 사회에서도 차별적 언어나 따가운 시선들이 소수자를 위축되게 만듭니다.

반면에 보아스는 룻에게 호감을 보입니다. 11절입니다. "네 남편이 죽은 후로 네가 시어머니에게 행한 모든 것과, 네 부모와 고국을 떠나 전에 알지 못하던 백성에게로 온 일이 내게 분명히 알려졌느니라." 보아스는 이미 소문을 들었습니다. 그런데 배타적 태도나 곱지 않은 시선이 아니라 모든 게 다 선하고 예뻐 보입니다. 급기야 보아스는 룻을 향해서 "내 딸아!"라고 부릅니다. '딸'이란 말은 사랑스런 자에게 부르는 표현입니다. 보아스는 다른 곳에서 이삭을 줍지 말고 자기 밭에서만 주우라고 합니다. 그리고 다른 남자들이 함부로 건들지 못하도록 조치합니다. 일꾼들만 먹도록 허락된 물도 룻이 먹을 수 있도록 허락합니다.

     룻기, 환대와 연대의 이야기

　무엇이 이토록 보아스의 마음을 움직였을까요? 룻의 선한 행실과 근면함인가요? 아니면 하나님이 보아스의 마음을 미리 감동시킨 것인가요? 흥미롭게도 유대 미드라쉬는 룻의 미모를 지적합니다. 룻은 매우 아름다워 그녀를 보는 자마다 발정하듯 흥분했다고 전합니다.**룻 라바 4,4** 유대 미드라쉬는 또한 룻의 성실함과 순결함을 찬양합니다. "다른 여인들이 허리를 굽혀 이삭을 모았던데 비해, 룻은 앉아서 모았다. 다른 여인들이 치마를 올리고 일을 하였지만, 룻은 치마를 단정하게 내렸다. 다른 여인들이 추수꾼들과 농담을 나누는 동안, 그녀는 묵묵히 일만 했다. 다른 여인들이 곡식단 사이에서 곡식을 모았던 반면에, 룻은 주인 없이 버려진 곳에서만 모았다."**룻 라바 4,6**

　보아스가 룻을 사랑할 수밖에 없는 이유를 장황하게 들고 있지만, 남녀의 만남은 예측할 수 없습니다. 보아스가 처음부터 룻에게 호감을 가진 것은 분명합니다. 첫눈에 반하듯 느낌이 좋은 것을 어떻게 달리 설명할 수 없습니다. 느낌이 좋지 않으면 아무리 선한 짓을 해도 예뻐 보이지 않습니다. 의무나 명령 수행 이전에 마음의 감동이 먼저입니다. 그래야 말씀 순종도 쉽습니다.

　보아스는 호감도 있고 능력도 있는 전형적인 구원자 상입니다. 룻은 과부요, 이방인이요, 가난한 자입니다. 자력으로는 해방이나 구원을 이룰 수 없습니다. 이런 상황이라면 대부분 사람들은 포기한 채 운명 탓을 하며 삽니다. 극복하려는 소망은 있지만, 현실의 벽이 높을 때 사람들은 기적이나 환상을 꿈꿉니다. 현대 드라마에서는 기적 같은 행운이나, 타임슬립time slip과 같이 시간을 거스르거나 앞질러 가는 공상적 방식을 취합니다. 룻이 대단한 것은 룻기 내내 불평의 말이나 부정적 태도가 전혀 없다는 것입니다. 룻은 묵묵히 견디고 순종하는, 단단한 의지의 여인처럼 보입니다. 결국 그의 인내가 현실의 벽을 부수고 기적을 만들어냈습니다.

교회의 절기 중 대림절은 가장 희망적이면서도 애틋한 느낌을 줍니다. 우리 인생의 구원자, 아기 예수의 탄생을 기다리는 절기이기 때문입니다. 룻은 보아스를 기다렸습니다. 보아스라는 이름에는 '힘, 능력'이라는 뜻이 담겨 있습니다. 솔로몬 성전에는 '야긴'과 '보아스'라고 새긴 두 기둥이 있었는데열왕기상 7:21 히브리어 형태상으로 '보아스'가 서로 동일합니다. 보아스는 룻의 구원자입니다. 우리의 구원자는 이미 이 땅에 오셨습니다. 그 구원자는 이제 성령의 형태로 현대를 사는 우리 가운데 계십니다. 성령이 우리의 보아스입니다. 멀리 계신 분도 아니고, 기적이 필요한 것도 아닙니다. 우리의 마음, 곧 우리의 믿음에 달렸습니다. 내 안에 보아스가 있습니다. 이를 깨워야 합니다.

심리학적으로 본다면 룻은 존재가 부정당하고, 모든 취약함에 노출된 자입니다. 그런 룻이 보아스라는 구원자를 만나 자기를 실현하고, 자기 정체성을 찾아가는 과정이 룻기입니다.

사사기의 토막 살인 사건

성경에서 가장 끔찍한 사건이 사사기에 기록되어 있다. 일명 토막 살인사건이다. "그 집에 이르러서는 칼을 가지고 자기 첩의 시체를 거두어 그 마디를 찍어 열두 덩이에 나누고, 그것을 이스라엘 사방에 두루 보내매"사사기 19:29 전 이스라엘 역사에서 전무후무했던 이 사건의 전말은 다음과 같다.

에브라임 산지에 사는 한 레위인이 유다 베들레헴 출신의 첩을 맞았다. 중요하고 긴 이야기인데도 불구하고 여기에 등장하는 사람은 다 이름이 없다. 대신 지역 이름이 등장하여 이후 벌어질 지파 간 전쟁의 서막을 보여준다. 이 여인은 '첩'이라 불리지만, 둘의 관계를 볼 때 '둘째 부인'에 가깝다. 이 여인이 남편을 떠나 고향으로 돌아갔는데, 그 이유를 히브리어맛소라 텍스트와 한글 개역 성경은 "그 첩이 행음했기" 때문이라고 밝힌다. 그렇지만 헬라어 70인역 텍스트와 표준새번역은 "그 첩이 화가 났기" 때문이라고 한다. '행음했다.'라는 식의 서술은 끔찍한 범행을 당한 책임이 일부분 자신에게 있다는 인상을 준다. 반면에 '화가 나서'는 남편이 떠난 여인을 다시 찾아 나선 정당한 이유를 제공한다.

남편은 여인의 마음을 돌이키고자 그녀의 아버지 집인 베들레헴으로 간다. 장인은 사위를 보고 기뻐하여 극진한 환대를 한다. '삼일 동안'4절, '넷째 날 아침과 밤'5-7절, '다섯째 날 아침'8-9절까지 계속해서 떠나려던 사위를 붙잡고, 먹을 것과 마실 것을 대접하며 그 집에 머물게 한다. 불필요할 정도로 반복되는 떠남과 만류의 이런 긴 서사는 다가올 비극을 예감하게 한다. 장인은 사위를 사랑하고, 딸을 사랑하여 붙잡아 두려 하였는데, 이 친절과 사랑이 화근이 되어 오히려 자기 딸을 죽이는 계기가 되고 말았다. 인생사는 예측할 수 없다. "하나님이 하시는 일의 시종을 사람으로 측량할 수 없게 하셨도다."전도서 3:11

레위인 사위는 마냥 지체할 수 없다는 판단에, 그 여인과 함께 저녁 무렵에 장인의 만류를 뿌리치고 길을 떠났다.10절 너무 늦게 출발한 나머지 여부스 곧 예루살렘 근처에 이르자 해가 저물었다. 여부스는 예루살렘의 옛 지명인데 당시는 이방인의 영토였고, 여부스는 다윗 왕 때에 이르러서야 유다로 편입되었다.

레위인 남자는 이스라엘 자손이 아닌 이방인의 성읍에 머무를 수 없다 하여 근처 기브아로 갔다. 기브아는 베냐민 지파의 성읍이었다. 같은 신앙과 같은 핏줄이기에 안전하리라 생각했던 것이다. 그러나 그런 기대는 여지없이 무너지고 말았는데, 이들을 기다리던 것은 환대가 아닌 냉대와 폭력이었다.15절

헤매던 나그네들을 환대했던 사람은 지역 거주민이 아니라,

롯기, 환대와 연대의 이야기

에브라임 출신의 이주민 노인이었다.16절 노인은 그들을 자기 집으로 들인 후, 발을 씻고 충분한 음식으로 대접한다. "그들이 발을 씻고 먹고 마시니라."21절 심지어 함께한 나귀에게도 먹을 것을 주었다. 가난한 자가 가난한 자의 설움을 더 잘 아는 법이다. 이 노인 또한 이름이 없고, 이 에피소드에 등장하는 모든 주인공들이 이름이 없다. 이름이 없기에 하나의 우화나 비유처럼 되어버렸다. 역사성보다는 사건의 전개 과정이나 스토리를 풀어내는 내러티브에 더 집중해야 한다.

비극은 그날 밤에 일어났다. 그 지역의 불량배들이 노인의 집을 에워싸고, 이 레위인 남자를 내어놓으라고 위협했다. "네 집에 들어온 사람을 끌어내라. 우리가 그와 관계하리라."22절 이는 나그네에게 동성애적 폭력을 행하는 것을 말한다. 동일 남성을 향한 강간은 전쟁터의 패자들에게 행해졌던 괴롭힘 중 하나와 같다. 남성을 여성처럼 취급하여 극단적 모욕을 주는 폭력이다. 이와 유사한 사건이 이미 소돔과 고모라에서도 벌어진 바 있다.창세기 19:5

손님을 환대하고 절대적으로 보호하는 것이 중동 지역의 불문율과 같은 것이기에 노인은 손님을 보호하려고 극단적 행동을 취한다. 자신의 처녀 딸과 레위인의 여자를 대타로 내놓겠다는 제안을 한 것이다. 그런데 이런 제안을 하는 노인의 말이 매몰차다. "내가 그들을 끌어내리니, 너희가 그들을 욕보이든지 너희 눈에 좋은 대로 행하되, 오직 이 사람에게는 이런 망령된 일을 행하지 말라."24절 환대받고 보호받아야 할 손님의 범위에 여성은 들어가지 않았다. 불문율은 남성에게만 적용되었고, 여성은 남성들 간 파워게임의 희생물이 되었다.

여인의 남편인 레위인의 행동 또한 매우 기이했다. 불량배들이 노인의 제안을 받아들이지 않자, 레위인은 자기 여인을 붙잡아 문밖으로 내쳐버렸다. 성경은 "그 사람이 자기 첩을 붙잡아, 밖으로 끌어내었다."25절라며 매정한 말투로 전한다. 레위인에게도 여성의 인권보다는 자기를 환대한 남성 주인의 안전과 소유가 더 중요했다. 불량배 남성들은 폭력적 유희의 일환으로 낯선 이방인을 공격하려다, 그 방향을 육체적 쾌락으로 바꿔 그 여인을 밤새도록 윤간한다.

새벽 무렵에 풀려난 여인은 자기 발로 걸어서 돌아와 집 문 앞에 쓰러진다. 그런데 아무도 이 여인을 기다리지 않았고, 여인이 분명 신음소리를 내었을 텐데 집안 누구도 주의하지 않았다. 레위인 남편은 아침이 되어 마치 아무 일 없다는 듯이 집을 나서다 문지방을 붙잡고 쓰러져 있는 여인을 발견한다. 여인은 죽었는가? 헬라어 70인역 성경은 "그녀가 이미 죽어 있었다."라고 하였지만, 히브리어 원문은 "아무 말이 없었다."28절라고 전한다. 실제 이 여인은 이 내러티브에서 직접 자기 입으로 말한 적이 없다. 모든 남성들의 대화에서 소외되었고, 대상화되고 있을 뿐이다. 이 레위인

　　　　　　　　　롯기, 환대와 연대의 이야기

은 여인을 사랑했는가? 레위인에게 아내는 소유물에 불과하고, 이 여인은 '망가진' 유실물일 뿐이다. 남편을 고발하려는 듯 성경은 이 부분에서 레위인을 '그녀의 주인'[26, 27절]이라 연거푸 부른다.

눈물 한 방울 보이지 않은 채, 여인의 시신을 끌고 자기 집으로 돌아온 레위인은 분노에 차서 끔찍한 일을 벌인다. 여인의 시신을 토막 내어 열두 지파에게 택배로 보낸 것이다. 성경은 이 잔인한 장면을 다음과 같이 적나라하게 서술한다. "그는 그 칼을 잡았다. 그의 첩을 붙잡았다. 그녀를 뼈 채 열두 덩이로 조각조각 내었다. 그것을 이스라엘 온 지경에 보내었다."[29절] 남편은 여인의 시신을 모독함으로써 여인을 두 번 죽인 셈이다. 그러나 그 어디에서도 여인의 생명이나 인권을 동정하는 소리는 들리지 않는다.

그녀의 시신 조각을 받은 사람들마다 이런 엽기적 사건에 공분하였다. 이 사건으로 말미암아 이어지는 20장과 21장에서, 사사기의 대미를 장식하며 그 무법의 시대를 고발하는, 베냐민 지파와 나머지 지파 간 일대 전쟁이 벌어진다. 열두 지파 간의 불안한 동거가 이 사건을 계기로 폭발했던 것이다.

전쟁하기 전 레위인은 자신이 이런 엽기적인 일을 벌인 이유를 설명하며, 베냐민 지파 불량배들의 죄를 다음과 같이 규정한다. "그들이 이스라엘 중에서 음행과 망령된 일을 행하였기 때문이라."[20:6] 그런데 죄목 설정이 매우 가부장적이다. '음행'은 자기 첩을 윤간한 행위를 말하는데, 이는 단순한 도덕적 타락이 아니라 성폭행과 살인 행위이다. '망령된 일'이란 손님을 환대하지 않고 적대시하여 모욕을 주려고 했던 행위를 말하는데, 레위인은 실제 그런 험한 일을 당하지 않았고, 여인이 대신 희생을 당하였다.

여성 신학자 트리블은 그의 책 《공포의 텍스트》에서 이 내러티브를 분석하며, 죽은 여인을 위한 묘비명을 책 한 면에 그림과 함께 세워주었다.

이름 없는 여인

베들레헴 출신 첩

그녀의 몸은 찢겼고 많은 이들에게 넘겨졌다

마치 그리스도의 희생양으로서의 죽음을 서술하는 비문 같다. 한 여인의 참혹한 죽음이 사사 시대의 무법성을 고발한다. 억울한 것은 이 여인인데 여인은 낱낱이 해체되어 사라지고, 환대와 적대의 전통적 불문율과 공동체적 이념 '이스라엘 온 지파', '하나님 백성의 총회'의 깃발만 나부끼고 있다. 역설적으로 성경은 이런 대비를 통해 이념과 교리의 폭력성과 반생명성을 고발하고 있다 할 것이다.

희생당한 여성의 목소리는 오랜 세월 무시되었고, 여인의 존재는 지워져 버렸다. 그러나 마침내 현대에 와서 다시 들리기 시작했다. 가부장제라는 남성적 편견에 가려졌던 성경 문자 이면에서

 룻기, 환대와 연대의 이야기

살아 있는 하나님의 말씀이 울리기 시작한 것이다. 지금껏 성경은 소리 없이 말하고 있었는데 외면당했고, 페미니즘적 성경 읽기가 마침내 이 문자의 침묵을 깨뜨렸던 것이다.

흥미롭게도 사사기의 이 사건 이후 바로 룻기가 이어진다.[70] **인역 순서** 룻은 이 여인의 고향인 베들레헴에 정착한 이방 여인이다. 이름도 없이 희생당한, 첩이라 불리는 이 여인의 한을 룻이 풀어주고 있다. 마을 주민의 환대를 받았고, 새 남편 보아스의 사랑을 받았으며, 유능하게 문제를 풀어나갔고, 정식 결혼과 자녀 출산을 통해 그 이름이 유명하게 되었다.

유대 랍비들은 특정 구절이나 단어를 해석할 때, 해당 문맥을 벗어나 성경 전체를 그 문맥으로 하여 주석하는 방법을 취하기도 한다. 그렇다면 룻기와 연결하는 이런 읽기가 터무니없는 시도는 아닐 듯싶다.

¹⁴ 식사할 때에 보아스가 룻에게 말했다. "이리 와서, 식초에 빵을 찍어 먹으렴." 룻은 추수하는 자들 곁에 앉아서 보아스가 주는 볶은 곡식을 먹었는데, 배불리 먹고도 남을 정도였다. ¹⁵ 룻이 이삭을 주우려고 일어나자 보아스가 그의 종들에게 명령했다. "룻이 곡식 단 사이에서 이삭을 줍게 하고, 이 일로 비난하지 말라. ¹⁶ 너희는 일부러 곡식 단에서 조금씩 뽑아서 버려 룻이 이삭을 줍도록 하고, 이 일로 꾸짖지 말라." ¹⁷ 룻은 저녁까지 밭에서 이삭을 주웠고, 그 이삭을 떨어서 재니 보리가 한 에바^{열흘 분량} 쯤 되었다. ¹⁸ 룻은 그것을 가지고 마을로 돌아갔고 그의 시어머니는 그 분량을 보고는 놀랐다. 룻은 자기가 배불리 먹고 남은 것을 나오미에게 꺼내어 보여드렸다. ¹⁹ 시어머니가 룻에게 말했다. "너는 어디에서 이삭을 주웠느냐? 어디에서 일을 했느냐? 너를 생각해 준 그 사람에게 복이 있기를!" 룻은 시어머니에게 누구의 밭에서 일을 했는지 말했다. "오늘 일자리를 준 사람의 이름은 보아스입니다." ²⁰ 나오미가 며느리에게 말했다. "산 목숨과 죽은 목숨 모두에게 자비^{헤세드} 베푸는 것을 그치지 않은 그 사람에게 하나님의 축복이 있기를! 그 남자는 우리의 가까운 친척으로, 기업 무르기를 할 권리를 가진 우리의 구원자^{고엘}이다." ²¹ 모압 여인 룻이 말했다. "게다가 그 사람은 추수를 마치기까지 자기 종들 곁에 있으라고 나에게 말했습니다." ²² 그러자 나오미가 며느리 룻에게 말했다. "내 딸아, 너는 그와 함께 일하는 젊은 처자들과 같이 있고, 다른 밭에서는 사람들을 만나지 않는 것이 좋겠다." ²³ 이 말대로 룻은 보리와 밀의 추수가 끝날 때까지 보아스의 젊은 처자들 곁 가까이 머물며 이삭을 모았고, 그 시어머니와 함께 살았다.

4

보아스의 환대

환대의 윤리

　최근 세계사적이며 시대적 언어로 부각된 것이 '환대'라는 용어입니다. 난민과 이주민이 급증하기 때문입니다. 중동이나 아프리카 지역의 잦은 분쟁과 정치적 불안으로 인한 수백만 명에 달하는 난민들, 대표적으로 시리아발 난민들이 유럽으로 밀려들며 심각한 사회적 혼란을 겪고 있습니다. 이에 반발하여 유럽에서 극우 민족주의가 부상하기 시작했습니다. 아시아 지역도 마찬가지인데 미얀마에 의한 로힝야족 탄압이 있었습니다. 전쟁뿐만 아니라 이제는 기후위기 난민이나 기아 난민도 증가추세에 있습니다.

　우리나라도 예외는 아닙니다. 제주도에 들어온 예멘 난민 문제가 사회적 논란이 되었습니다. 난민은 아니더라도 이미 250만

명이 넘는 해외 이주민들과, 아시아, 아프리카 지역의 노동자들이 국내에 들어와 살고 있습니다.

독일에서는 2년마다 '키르켄탁'Kirchentag이라는 '교회의 날' 행사가 교파와 직분을 초월하여 열립니다. 한참 시리아 난민 문제가 독일 사회를 시끄럽게 하던 2017년의 주제는 창세기 16장 13절 말씀이었습니다. "하갈이 자기에게 이르신 여호와의 이름을 나를 살피시는 하나님이라 하였으니" 아브라함의 둘째 부인이자 애굽 출신이었던 하갈이 쫓겨 달아나다 광야에서 하나님의 도우심을 받고서 했던 고백입니다. 난민 하갈을 '돌보시는 하나님'엘 로이입니다. 성숙한 독일 사회는 1백만 명에 달하는 난민을 받아들였습니다.

이에 비해 우리나라의 환대나 포용성은 정말 부끄러운 수준입니다. 불과 수백 명도 안 되는 예멘 난민을 가지고 난리법석을 떨었던 게 불과 몇 년 전이었습니다. 자기의 안정적 삶이나 권리를 조금이라도 해치는 것을 용납하지 않는 매우 배타적 태도입니다. 어려움에 처한 이웃을 외면하는 매우 반인간적 태도이기도 합니다. 어느 민족이든 이주민과 난민으로부터 출발하지 않은 민족은 없습니다. 단일 민족보다 복합 민족이 우생학적으로도 더 강하고, 각각의 우수성을 잘 활용할 수 있습니다. 타자를 포용할 수 있는 민족이 큰 제국을 경영할 수 있습니다. 이웃을 도우면 그 이웃은 언젠가 우리가 어려움에 처했을 때 도움의 손길을 줄 것입니다.

냉정하면 냉정함의 대가를 되받습니다.

보아스의 환대

보아스의 태도는 환대의 전형입니다. 보아스는 이방 여인 룻에게 환대를 베풀었습니다. 환대는 먼저 먹을 것으로부터 시작합니다. 보아스는 룻이 신포도주와 함께 빵을 먹을 수 있도록 배려합니다. 볶은 곡식도 주었는데 성경은 "룻이 배불리 먹고 남았더라."라고 그 만족감을 전합니다. 18절, "그가 배불리 먹고 남긴 것을 내어 시어머니에게 드리매"라는 표현에서 그들이 얼마나 힘들게 살았던가를 짐작하게 합니다. 잘 대접한 식사 한 끼가 환대의 시작입니다.

보아스는 이어서 룻이 다른 데 가지 말고 자기 밭에서 이삭을 줍되, 곡식을 추수하는 바로 옆에서 하도록 합니다. 그러면 걷을 수 있는 이삭의 양이 많아집니다. 게다가 일꾼들에게 조금씩 알곡을 흘려서 룻이 많이 주울 수 있도록 배려합니다. 룻이 밭에서 저녁까지 거둔 양이 한 에바에 달했는데, 이는 두 사람이 일주일 넘게 실컷 먹을 수 있는 양입니다. 추수기가 끝날 때까지 자기 밭에서 이삭을 줍도록 하고, 소년들이 못된 짓을 하지 못하도록 보호 조치를 합니다. 완전한 일자리 보장입니다. 가장 큰 환대입니다.

먹을 것은 몇 끼 식사로 끝나지만, 직업을 보장해주면 오랜 시간의 먹거리가 해결됩니다. 이는 가난한 자의 자존심도 세워주는 선행입니다.

룻은 모압 이방인이며, 여자이며, 과부이며, 가난한 자입니다. 마을에서 충분히 왕따를 당하고 무시해도 좋을 조건을 모두 갖추고 있습니다. 보아스는 그런 룻을 환대합니다. 환대와 초대는 다릅니다. '초대'는 자기가 계획한 시간과 대상이 있고, 자기가 준비한 것으로 대접합니다. 초대는 자기만족이고 그냥 우정의 나눔에 불과합니다. '환대'는 불시에 찾아드는 자를, 전혀 준비되지 않은 상태에서 맞는 것을 말합니다. 포스트 모던 학자 데리다^{Jacques Derrida}는 "순수 환대", "손님의 도래"라는 표현을 사용합니다. 전혀 자기 의지나 계획이 없이 손님이 들이닥치고, 주인은 "절대적인 놀라움"에 사로잡힙니다. 주인은 곤혹스런 결단을 해야 하는 상황에 직면합니다.

초대와 환대를 구분하는 이유는 나의 도움을 필요로 하는 이웃은 이처럼 갑작스럽게 나타나기 때문입니다. 그리고 또한 그것은 나의 손해나 내 계획의 수정을 요구하고, 심지어 자신을 부정해야 하는 상황으로 몰아갑니다. 지금 보아스는 일차적인 환대는 잘했습니다. 그러나 아직 환대의 본질로 들어가지 않았습니다. 그것은 자신의 변화입니다. 인간은 관계망입니다. 이 사이에 다른 존재가 들어온다는 것은 바로 내 존재의 변화라 할 것입니다.

그 손님이 어떤 선물을 가지고 온 것인지는 알 수 없습니다. 진정한 환대는 주인을 약자로 만들고, 손님이 권력자가 됩니다. 창세기 18장에서 하나님이 아브라함을 방문했을 때가 환대의 한 전형입니다. 소돔과 고모라를 심판하기 위해 하나님과 천사들이 가다가 아브라함 집을 지나게 되었습니다. 마므레의 상수리나무 아래 있는 그 손님들을 보고는 아브라함이 다음과 같이 환대합니다. "아브라함이 그들을 보자 곧 장막 문에서 달려 나가 영접하며 몸을 땅에 굽혀 이르되, 물을 조금 가져오게 하사 당신들의 발을 씻으시고 나무 아래에서 쉬소서."창세기 18:2, 4 이어서 가루 서 말로 빵을 굽고 송아지 요리를 대접하였습니다. 아브라함은 부지 중 천사들을 대접했던 것입니다.

환대를 행한 자에게는 합당한 복이 주어집니다. 그 대가는 무엇이었습니까? 그토록 기다렸던 이삭의 탄생 소식을 듣습니다. 그리고 소돔과 고모라를 향한 하나님의 계획을 듣습니다. 이것이 진정한 환대가 가져다주는 놀라움이고 축복입니다.

반면에 2천 년 전 유대인들은 성탄절에 오신 하나님의 방문을 환대하는 데 실패했습니다. 가난한 목동이나 이방인 동방박사들만이 이 땅을 방문하신 하나님을 환대했습니다. 낯선 타자를 환대하는 자들에게는 주님의 구원과 평화가 약속되지만, 그렇지 않은 자들에게는 탄식과 심판이 기다립니다.

안드레이 루블료프, 《트리니티, 아브라함의 대접》, 1427

보아스는 환대를 이제 막 시작했습니다. 환대의 절정은 룻과 이루는 결합입니다. 이는 자신의 재산상, 신분상의 손해를 각오해야 하는 일입니다. 일차적 환대를 베풀었지만, 이 손님들은 여기에서 멈추지 않습니다. 더 많은 것을 요구합니다. 지금 룻과 나오미는 음모를 꾸미고 있습니다. 그들은 살기 위해서 어떤 수든 내어야합니다. 이런 그들의 계획에 보아스가 호응할 것인가가 환대의 최대 위기입니다. 만약 이 손을 뿌리친다면 보아스의 인생에서는 아

룻기, 환대와 연대의 이야기

무 일도 일어나지 않고 예전처럼 살아갈 것입니다. 그러나 하나님이 이끄시는 새로운 미래로 가려면 이 미지의 손을 잡아야 합니다. 바로 이 순간에 요구되는 것이 믿음입니다. 보이지 않는 미래에 자신을 던지는 것입니다.

룻과 나오미의 구원자

반면에 룻과 나오미에게는 어둠 가운데 한 줄기 빛이 비치기 시작했습니다. 나오미는 자신의 운명을 바꿀 어떤 미래가 도래하고 있음을 직감합니다. 나오미는 룻이 가지고 온 음식으로 배불리 먹은 후 어떻게 된 일이냐고 묻습니다. 룻은 보아스가 자신에게 베풀었던 은혜의 자초지종을 나오미에게 말합니다. 그 말을 듣고는 나오미가 이렇게 감사합니다. "그가 여호와로부터 복 받기를 원하노라. 그가 살아 있는 자와 죽은 자에게 은혜 베풀기를 그치지 아니하도다."

여기 '은혜'라는 히브리 단어는 '헤세드'입니다. 룻기에서 강조하는 매우 중요한 윤리입니다. 헤세드는 하나님의 은혜나 자비처럼, 주로 하나님이 인간에게 베푸는 것을 말합니다. 그러나 인간이 다른 약자에게 자비나 자선을 베풀 때도 이 헤세드라는 단어가 사용됩니다. 1장 8절에서 나오미가 두 며느리 룻과 오르바를 향하여 "너희가 나를 선대했다."라고 말할 때도 헤세드가 사용되었습니다.

한 사람이 타인에게 헤세드를 베풀면 하나님께서 그것을 복으로 갚아주신다는 것이 고대 이스라엘인들의 믿음이었습니다. 하나님의 헤세드를 받았으면 하나님께 되돌려드릴 수는 없고, 대신 타인에게 이 헤세드를 행함으로 갚아야 한다는 것이 그들의 윤리였습니다. 이것이 주기도문의 "우리가 우리에게 죄 지은 자를 사하여 준 것 같이 우리의 죄를 사하여 주옵시고"에 담긴 뜻이기도 합니다. 하나님이 인간에게, 인간이 다른 인간에게, 다시 하나님이 그 인간에게. 헤세드의 선순환입니다.

나오미는 보아스가 "살아 있는 자와 죽은 자에게" 은혜를 베풀었다고 말했습니다. 여기 죽은 자는 아마 죽은 남편이나 자식들을 말할 것입니다. 보아스와 그의 친절에 관해 듣는 순간 나오미의 예민한 코가 인생 역전의 향기를 맡았습니다. "그 사람은 우리와 가까우니 우리 기업을 무를 자 중의 하나이니라."[20절] '기업을 무를 자'는 히브리어로 '고엘'입니다. 영어 번역은 redeemer라 하여 '구원자'라 부릅니다. 룻과 나오미에게 있어서 보아스는 하늘에서 내린 동아줄과 같은 구원자입니다.

기업 무를 자라고 하였는데, 원래 고엘은 한 가문의 재산이 다른 곳으로 넘어가지 않도록 친척이 대신 그 땅을 사도록 하는 제

 룻기, 환대와 연대의 이야기

도입니다. 가난해서 땅을 팔 수밖에 없을 때 친척이 대신 그 땅을 사줍니다. 고엘은 그래서 경제적 구원자입니다.

보아스는 나오미의 남편 엘리멜렉의 토지를 처분하는 일에서만 고엘의 역할을 한 것이 아닙니다. 룻과 결합하여 아이를 낳아, 엘리멜렉과 나오미 가정의 대가 끊어지지 않게 합니다. 생명의 구원자입니다.

고엘은 이뿐만 아니라 복수의 의무도 행해야 합니다. 자신 가족의 명예가 실추되거나 친척이 불의한 죽임을 당하면 이를 대신 갚아야 할 의무가 있습니다. 결국 이를 통해서 그 가문을 함부로 대하지 못하도록 하는 안전의 구원자입니다.

우리에게는 구원자가 필요합니다. 우리는 마치 늪에 빠진 자와 같습니다. 아무리 힘을 써도 더 깊이 빠져갈 뿐입니다. 밖으로부터 오는 누군가의 손이 필요합니다. 그 구원자를 우리는 기다립니다. 구원자를 기다리는 자는 나약한 자가 아니라 자신의 연약함을 아는 겸손한 자입니다. 게으른 자가 아니라 자기 인생이 이렇게 흘러가서는 안 된다며 삶을 진지하게 생각하는 자입니다. 변화를 통해 인생이 빈 공백이 아니라 충만하게 채워지길 소망하는 자입니다.

아브라함의 환대 이야기

아브라함이 지나가던 나그네 세 사람을 대접한 창세기 18장 이야기는 환대의 전형적 모범이다. 현대 철학자 중에 레비나스 E. Levinas는 '타자 철학'으로 유명하다. 자기중심적인 존재론에 반대하며, 타자가 존재함으로써 비로소 '나' 또한 존재할 수 있다고 하였다. 윤리는 타자에 대한 태도에서 기원하며, 그런 점에서 '윤리학은 존재론에 앞선다.'라고 하였다. 레비나스는 이 세 명의 나그네를 아랍인으로 해석하며, 아브라함은 자기 집 문을 열어 이 이방인들을 환대한 타자 윤리의 모범적 인물로 제시한다.

해체 철학자로 알려진 데리다 또한 환대의 중요성을 강조하였다. 데리다는 의무감에 의해서 행하지 않고, 또한 대가가 주어지지 않는, 매우 이상적인 '무조건적 환대', '순수 환대'를 말한다. 데리다는 초대된 손님과 예기치 않고 들이닥친 환대의 차이를 다음과 같이 말한다.

"나는 '초대'라는 개념에서 이 순수한 환대라는 개념을 분리시킨다. 만약 당신이 손님이고, 내가 당신을 초대한 것이라면, 만일 내가 당신이 오리라 기대하고 있고, 당신을 맞이할 준비가 되어 있다면, 그렇다면 그것은 어떤 놀라움도 없으며, 모든 것이 정상적

임을 의미한다. 순수 환대 또는 순수 선물이 되기 위해서는, 절대적인 놀라움이 있어야만 한다. 환대는 예기치 않은 그리고 언제든 나타날 수 있는 그 누군가의 도래를 함축한다."〈환대, 정의, 책임〉

손님의 도래는 주체의 변화를 일으킨다. 손님 영접은 '주인'을 변화되지 않은 채로 내버려두지 않는다. 창세기의 아브람'아브라함'으로과 사래'사라'로의 경우처럼 새 정체성이 새로운 이름으로 주어진다. "이것은 확실히 방문객이 주인과 주인의 집을 근본적으로 압도하는 전형적인 환대다."〈호스피텔러티〉

'환대'는 가장 최근에 부각된 세계시민 윤리이다. 급증하는 난민, 이주민, 소수자의 등장은 기존의 민족국가 단위를 위협한다. 무조건 차별이나 배척으로 가는 것은 반反인간적이다. 코스모폴리탄적 시민성은 내적, 외적 국경의 장벽을 허물고, 지구라는 공동의 집에 거하는 동일 종족, 호모 사피엔스임을 깨닫도록 촉구한다.

창세기 18장에 서술된 아브라함의 환대를 한번 살펴보자. 1절에서는 마므레 상수리 나무 아래로 하나님이 나타나셨다고 한다. 그런데 2절에서는 갑자기 세 사람이 등장한다. "눈을 들어 본즉 사람 셋이 맞은편에 서 있는지라."18:2 이를 삼위일체 신학으로 풀기에는 너무 이르고, 시대착오적이다. 일반적으로는 하나님과 이후 소돔을 방문한 두 천사라고 하지만, 단지 추정일 뿐이다.

이에 대해 유대 랍비들은 다른 놀라운 해석을 제시한다. 하나님과 세 사람을 분리하는 방식이다. 하나님이 방문했을 즈음에 세 사람의 나그네가 지나가고 있었다. 그러자 아브라함은 하나님과의 만남을 잠시 미루고, 나그네 대접하는 일을 먼저 하였다. 나그네 환대가 더 중요했기 때문이다. "인간을 향한 환대가 하나님의 임재를 받는 것보다 더 위대하다."Shabbat 127a

아브라함은 시원한 물로 더위에 지친 나그네들의 목을 축인다. 발을 씻기고, 나무 아래서 편히 쉬게 한다. 아내 사라는 고운 가루 세 스아세 말로 빵을 만들어 대접했고, 아브라함은 종들에게 명하여 기름진 송아지를 잡게 한다. 매우 융숭한 환대이다. 중동 지역에서 손님 접대는 매우 중요한 전통 윤리이다. 유대 랍비들은 손님에게 대접한 음식이 소화되어 소금기가 사라질 때까지 손님을 보호해야 한다고 말한다. 환대를 잘한 아브라함에게는 아들 이삭의 탄생이라는 선물이 주어진다.

아브라함의 조카 롯 또한 환대를 잘했다. 소돔 성을 방문한 두 나그네, 이후에 천사로 밝혀지는데, 이 사람들을 환대한다. "마침 롯이 소돔 성문에 앉아 있다가, 그들을 보고 일어나 영접하고 땅에 엎드려 절하며 이르되, 내 주여, 돌이켜 종의 집으로 들어와 발을 씻고, 주무시고, 일찍이 일어나 갈 길을 가소서."19:1-2 환대를 잘하는 롯은 소돔 성의 유일한 의인이라 할 것이다.

소돔인들이 두 사람을 해코지하려 하자, 롯은 대신 자기 딸

　　　　　　　　　　　롯기, 환대와 연대의 이야기

을 내어놓으려 한다.19:8 이것도 손님을 절대적으로 보호하기 위해 취할 수 있는 방편 중 하나이다. 소돔 성 사람들은 이 제안을 거절 하면서, 계속해서 방문한 두 손님을 모욕주려 한다. 동성애를 이용 한 성폭력으로, 남자를 여자처럼 강간하여 모욕을 주는 방식이다. 소돔과 고모라는 환대에 실패함으로써 멸망했다 할 것이다.

본문의 그림은74쪽 15세기 러시아 정교회의 성상 화가 안드 레이 루블료프Andrey Rublyov의 작품이다. 창세기 18장의 아브라함의 환대 장면에서 영감을 얻었다. 작품에서는 아브라함의 모습은 보 이지 않고, 사람의 형상을 한 성부 성자 성령 하나님 세 분이 식탁 에 앉아 있다. 식탁의 가운데에는 떡 그릇이 놓여 있다. 세 분 하나 님이 살짝 몸을 기울인 체, 서로를 부드럽게 바라보는 매우 친밀하 고 평화로운 모습이다.

이에 감동한 영성가 헨리 나우웬Henri Nouwen은 《주님의 아름 다우심을 우러러》에서 "성자한테로 몸을 기울인 성부의 움직임과, 성부한테로 몸을 기울인 성자와 성령 두 분의 움직임은 하나의 움 직임을 이루고, 기도하는 사람은 그 안에서 마음이 드높여지고 든 든해진다."라고 평한 바 있다. 환대가 하나님의 본질을 폭로한다.

1 시어머니 나오미가 룻에게 말했다. "내 딸아, 내가 어찌 네가 평안히 거할 안식처를 구하지 않으랴? 네가 함께 일하는 처자들의 주인인 보아스는 우리의 친척이 아니냐? 보라, 보아스가 오늘 밤 타작마당에서 보리를 키질할 것이다. 그러니 너는 네 몸을 씻고, 몸에 기름을 바르고, 최고 좋은 옷을 입어라. 그리고 타작마당에 내려가되, 그 사람이 먹고 마시기를 다하기까지 눈치채지 못하게 하라. 4 그가 잠에 들려 할 때 그가 눕는 곳을 유심히 보았다가, 잠들면 그에게로 가서 그의 발남성 성기를 상징을 들추고 그 곁에 누우라. 다음 일은 그 사람이 알아서 행할 것이다." 5 룻이 나오미에게 말했다. "당신이 말씀하신 대로 다 행하겠습니다." 6 룻은 타작마당에 내려갔고 시어머니가 지시한 대로 다 행하였다. 7 보아스는 먹고 마셨고 기분이 좋아서 곡식 단 더미 끝에 누워 잠이 들었다. 룻은 조심스럽게 다가와서 그의 발을 들추고 그 곁에 누웠다. 8 한밤중에 이 남자는 소스라치게 놀라며 깨어났다. 돌아보니 한 여자가 그의 발 쪽에 누워 있었다. 9 보아스가 말했다. "너는 누구냐?" 룻이 대답했다. "나는 당신의 여종 룻입니다. 당신의 옷자락날개을 펴서 당신의 여종 위에 덮으소서. 당신은 나의 고엘기업 무를 자입니다." 10 보아스가 말했다. "내 딸아, 하나님께서 네게 복 주시기를 원하노라. 너의 이 선행헤세드은 이전에 했던 것보다 더 뛰어나다. 너는 부하건 가난하건 젊은 자들을 쫓아가지 않았다. 11 내 딸아, 이제 두려워하지 말라. 네가 요구하는 것은 무엇이든 나는 너를 위해 할 것이다. 성읍 모든 사람은 네가 현숙한유능한, 존귀한 여인인 줄 알고 있다.

5

룻과 나오미의 투쟁

성의 정치학

가난한 자들에게 인생은 소풍이 아니라 전쟁입니다. 아프리카 사바나에서 물을 찾아 이동하는 물소 떼의 장관이나, 사자들이 공격하고 이에 필사적으로 달아나는 동물들의 생존과 별반 다름이 없는 것이 우리 인생입니다. 단지 인간이 다른 것은 역지사지**易地思之, 처지를 바꾸어서 생각함**의 마음으로 서로를 돕는 공감 능력이 좀 뛰어나다는 데 있을 뿐입니다. 이런 동류의식이, 이를 휴머니즘이라고 부를 수 있는데, 곧 이런 인간성이 상실된 곳에서는 각자도생**各自圖生, 제각기 살길을 도모함**이라는 필사의 생존 전쟁만이 있을 뿐입니다.

지금 룻과 나오미의 상황이 그렇습니다. 땅도, 재물도, 도울 가부장도 없이 과부 두 명이 그 생존을 이어 가야 합니다. 그러다 이들에게 좋은 먹잇감이 나타났습니다. 바로 보아스입니다. 이들은 살찐 먹잇감인 보아스를 노리는 두 마리의 하이에나 같습니다. 영화 속에 등장하는 두 명의 여 주인공버디 무비이 치밀한 계획으로 힘센 악당을 무너뜨리는 것과도 같습니다.

나오미의 목적은 1절에 드러나 있습니다. "내 딸아 내가 너를 위하여 안식할 곳을 구하여 너를 복되게 하여야 하지 않겠느냐?" 룻의 안전과 자신의 노후보장입니다. 다른 어떤 고상한 목표가 있는 게 아닙니다. 이들의 의도를 조금은 냉소적으로 보아야 합니다. 도덕적, 신앙적인 면으로 보려 하면 삶의 치열함을 놓치기 쉽습니다. 그러면 하나님의 은혜를 너무 당연하게 받아들이고, 또 인생의 거짓과 욕망을 뒤집어 아름다운 작품으로 만들어내는 하나님의 기막힌 솜씨를 감상하기 어렵습니다.

나오미는 룻에게 보아스가 우리의 친족이며3:1, 기업 무를 자2:20라고 말합니다. 진짜 그런가요? 먼 친척일 수는 있겠지만, 강력한 의무와 연대로 묶일 수 있는 그런 가까운 친척은 아닙니다. 그렇다면 나오미는 룻에게 엉뚱한 짓을 지시하지 말고, 본인이 대낮에 찾아가 정식으로 요청했어야 합니다. 합법적인 끈도 미약하고, 거절당할 우려가 있었기에 나오미는 야밤에 보아스를 기습하는 방식을 취하도록 룻에게 명령을 내립니다.

룻도 이에 동조합니다. 이는 전형적인 성性으로 유혹하는 방

  룻기, 환대와 연대의 이야기

식입니다. 본문에 서술된 방법은 거의 19금 수준입니다. 룻은 보아스에게 가기 전에 목욕을 하고, 기름을 바르고, 옷을 갈아입었습니다. 보아스는 술에 취해 타작마당에 정신없이 누워 자고 있습니다. 룻은 한밤중에 슬며시 그 이불 속으로 들어갔습니다. "룻이 가만히 가서 그의 발치 이불을 들고 거기 누웠더라."7절라며 성경은 완곡하게 표현합니다. 그냥 가만히 옆에 드러누운 것이 아닙니다. '발'은 남성의 성기를 상징하는 표현입니다. 다윗을 좇던 사울이 한 동굴에 뒤를 보러 간 것을 성경은 "발을 감췄다."사무엘상 24:3라고 표현했습니다.

룻은 보아스의 알몸 곁에 누운 것입니다. 보아스는 한밤중에 깨어 자기 곁에 누운 룻을 알아보았지만, 돌려보내지 않고 그 상태로 하룻밤을 지내고 새벽에 돌려보냅니다. "룻이 새벽까지 그의 발치에 누웠다가 사람이 서로 알아보기 어려울 때에 일어났으니."14절 룻과 보아스가 그냥 손만 붙잡고 있었겠습니까? 물론 그럴 수도 있었겠지만, 이런 해석은 지나치게 현대의 도덕 관념이나 순결 관념을 집어넣은 읽기입니다.

사실 이 장면은 매우 낯 뜨겁고 신앙적인 유익이 거의 없는 것 같습니다. 성을 이용해서 자기 목적을 달성하고 있으니까요. 그런데 이런 문제의식은 현대를 사는 신앙인들의 시각일 뿐이지, 성경은 성적인 순결이나 정결 문제는 그렇게 크게 문제삼지 않습니다. 창세기에서 유다의 며느리 다말은 시아버지와 성적인 관계를 했습니다. 조선시대 기준으로 보면 짐승만도 못한 짓입니다. 그런데도 성경은 "그는 나보다 의롭다."^{창세기 38:26}라는 평가를 내리고 있습니다.

본문의 이야기를 이해하기 위해서는 성적 정결을 바라보는 현대인의 시각을 내려놓아야 합니다. 역사적으로 기독교는 성적인 순결을 매우 강조했습니다. 1990년대 미국에서는 '프라미스 키퍼스'Promise Keepers 운동이 있었는데 그 서약 중 하나가 "순결을 지키며 살겠다."라는 것이었습니다. 성적 정결이나 혼전 순결을 보수적 기독교에서는 강조합니다. 설교자들이 사회가 타락했다고 말할 때 무엇보다 성적인 타락을 그 대표적 증상으로 듭니다. 중세 교회나 가톨릭에서는 마리아의 '동정녀' 전통을 계승하여, 결혼하지 않고 성적인 정결을 지키는 것이 신앙의 미덕이 되었습니다. 이슬람교에서는 남성에게 성적인 유혹이 된다는 이유로 여성들을 히잡이나 부르카로 머리칼이나 온몸을 감싸는 반인권적 행태를 전통이라는 이유로 강제합니다.

그러나 성경이 간음을 금지하고, 성적인 정결을 요구하는 이유는 여기에 있지 않습니다. 죄는 무엇보다 관계성에서 발생합니다. 무인도에서 혼자 살면 무슨 짓을 해도 괜찮습니다. 간음이라는 것은 고대 사회에서 타인의 소유를 빼앗는 것과 같습니다. 가장 중요한 소유물인 자녀의 문제가 걸려 있습니다. 또한 서로에 대한 신뢰를 결정적으로 무너뜨립니다. 인간에게 성은 자기 자존심이고 가장 소중한 자기 몸입니다. 가난하고 약하다는 이유로 성폭력을 당하거나, 성을 상품으로 팔아서는 안 됩니다. 그러고 싶은 사람도 없습니다. 성적인 죄는 근본적으로 타인이나, 자신에게 피해를 입히는 관계성의 죄입니다.

그러므로 룻이 지금 자신의 성을 이용하는 것을 순결 이데올로기로 정죄해서는 안 됩니다. 더 근본적인 죄는 가난에 있습니다. 지금 룻에게는 살아야 한다는 '생명'이 더 높은 가치입니다. 간음이 아닌 이상 자신의 매력을 이용할 수 있습니다. 11절의 "네가 현숙한 여자인 줄을 나의 성읍 백성이 다 아느니라."라는 식의 번역은 오해의 소지를 높입니다. '현숙하다.'라는 단어가 마치 조신하고 순결하다는 의미로 잘못 읽힐 수 있기 때문입니다.

'현숙하다.'라는 히브리어 단어에는 '힘이 있다.'라는 뜻이 있습니다. 70인역이라 불리는 헬라어 구약 성경은 '두나미스' 곧 '능력'이라는 단어를 사용합니다. 영어 성경은 'worthy', 곧 '가치 있는' 식으로 번역합니다. 현숙한 여인의 표상은 잠언서 31장에 예시되어 있습니다.

"누가 현숙한 여인을 찾아 얻겠느냐 … 자기 집안 사람들에게 음식을 나누어 주며, 여종들에게 일을 정하여 맡기며, 밭을 살펴보고 사며, 자기의 손으로 번 것을 가지고 포도원을 일구며, 힘 있게 허리를 묶으며, 자기의 팔을 강하게 하며 …"잠언 31:10-31 현숙한 여인은 정결한 여인이 아니라, 집안 살림을 잘하는 유능한 여인을 말합니다. 그래서 70인역은 잠언의 '현숙한 여인'을 '남자 같은 안드레이안 여자'로 번역했습니다. 룻은 조신한 여인이 아니라, 의리 있고 집안을 잘 먹여 살리는 여인이었고, 이것을 현숙하다라고 말합니다.

이처럼 성경이 바라보는 여성 개념이 가부장적 시각과는 다릅니다. 아가서에서 솔로몬과 사랑을 나누는 술람미 여인은 조신하고 얼굴 예쁜 여자가 아닙니다. 결혼하기도 전에 적극적으로 남자를 유혹하는 주도적인 여자입니다. "나는 잠자리에서 밤새도록 사랑하는 임을 찾았지만, 아무리 찾아도 그를 만나지 못하였다. … 드디어 사랑하는 나의 임을 만났다. 놓칠세라 그를 꼭 붙잡고 나의 어머니의 집으로 데리고 갔다. 어머니가 나를 잉태하던 바로 그 방으로 데리고 갔다."**아가 3:1-4, 표준새번역**

여인에게 요구되는 성적 정결은 한 사람과만 관계를 맺는 것을 말합니다. 솔로몬은 술람미 여인의 아름다움을 "네 목은 다윗의 망대"**아가 4:4**와 같다고 노래합니다. 여자에게 상아가 아닌 망대와 같다고 한 것은 잘못된 비유처럼 보입니다. 아닙니다. 이는 함부로 범접할 수 없는 꼿꼿함과, 무너뜨릴 수 없는 정결의 위엄을 말합니다. 그동안 여성을 평가하던 가부장적 태도나 순결 이데올로기는 도무지 아가서의 여성상을 이해할 수 없습니다.

술람미 여인은 밖에서 일을 많이 해서 얼굴이 타 까무잡잡한 피부를 가지고 있습니다. "내가 비록 검으나 아름다우니"^{아가 1:5} 한글 번역은 검은 피부를 부정적으로 해석했지만, 히브리어 원문을 보면 "나는 검고 아름답다."I am black and beautiful입니다. 흑인 해방신학이나 한글 새번역은 더 긍정적으로 "검어서 아름답다."로 해석하기도 합니다. 검다는 것은 건강하고 근면함을 상징합니다. 룻은 술람미 여인처럼 의리 있고, 능력 있고, 또한 주도적입니다.

신데렐라 스토리?

또 짚고 넘어가야 할 것은 가난한 여자가 부유한 왕자와 결혼하여 신분 상승하는 류의 신데렐라 스토리식 접근입니다. 룻기는 깨어 있는 여성이나 페미니스트들이 보기에는 좀 거부감이 있습니다. 어떤 신학자는 룻기를 "여성들의 정신 건강에 해로운 책!"이라는 극단적인 평가를 내립니다. 여성은 무능력하고 수동적인 존재로 서술되며, 남성은 부유하고 능력 있는 자가 되어 여성에게 구원의 자비를 베푸는 식의 구성이 못마땅한 것입니다. 그런데 이런 구도는 여전히 현대 드라마에서도 자주 통용되고 있습니다.

보아스는 땅이 있고 재산이 있는 유력한 자입니다. 룻을 '내 딸아!'라고 부르는 것을 볼 때 어느 정도 나이가 들었다고 보아야 합니다. 나중에 룻과 정식으로 결혼하여 가정을 가진 것을 볼 때 지금 홀로 있는 상태였을 것입니다. 아니면 당시 또 다른 아내를 둘 수 있는 사회적 분위기였을 수도 있습니다.

유대 미드라쉬는 재미있는 해석을 합니다. 1장에서 룻과 나오미가 베들레헴에 도착했을 때 '온 성읍'이 이들을 맞으러 왔었는데1:19, 공교롭게도 이 날이 보아스의 아내의 장례식 날이었다고 설명합니다.룻 라바 3,5 이로써 룻과 보아스의 결합을 합법적으로 만들려는 시도인데, 성경은 이런 상황을 전혀 언급하지 않습니다. 어찌 되었든 보아스와 결합해도 되는 합법성과 그럴 가능성이 있었으니, 룻과 나오미가 노렸을 것입니다.

그런데 여기서 현대적 기준으로 룻을 신데렐라 스토리의 전형이라는 식으로 비하하는 것은 타당하지 않습니다. 모든 것에는 시대적 상황이 있습니다. 고대 사회는 여성들의 활동이 제약되고, 특히 재산권을 제대로 행사하지 못하던 시대였습니다. 심할 때는 노예보다 못한 취급을 받기도 하였습니다. 현대적 기준으로 평가한다면 고대 사회에서 성공한 여성들은 대부분 비판의 대상이 될 수밖에 없습니다. 우리가 주목해야 할 것은 가부장제라는 엄혹한 상황에서도 어떻게 여성이 주체적으로 독자적 생존과 나름의 해방을 만들어 갔는가입니다.

여성 신학자 트리블은 룻의 행동을 "전적인 용기로 인한 구원"이라는 평가를 내립니다. 룻은 거절당할 수 있었습니다. 보아

　　　　　　　룻기, 환대와 연대의 이야기

스가 창녀 취급하거나, '독한 년!'이라고 쫓아낼 수도 있었습니다. 그 결과 동네에서 평판이 안 좋게 나고, 나오미와 함께 쫓겨날 수도 있었습니다. 이런 위험을 감수하고 룻은 용기 있게 행동하였습니다. 보아스를 쟁취한 거나 마찬가지입니다.

시아버지 유다가 가문을 잇는 것을 등한히 할 때 다말은 창녀로 취급받는 모험을 감행했고, 다말에 의해서 유다 가문의 씨는 이어졌습니다. 보아스의 어머니 라합은 여리고의 창녀였지만, 그 기회를 이용하여 이스라엘의 두 정탐꾼을 보호해 주었습니다. 라합의 대담한 결단이 자기 가족을 살렸고, 이스라엘 백성에 합류하게 만들었습니다. 하나님의 구원사는 이런 여인들의 모험과 용기가 있었기에 끊어지지 않고 이어질 수 있었습니다.

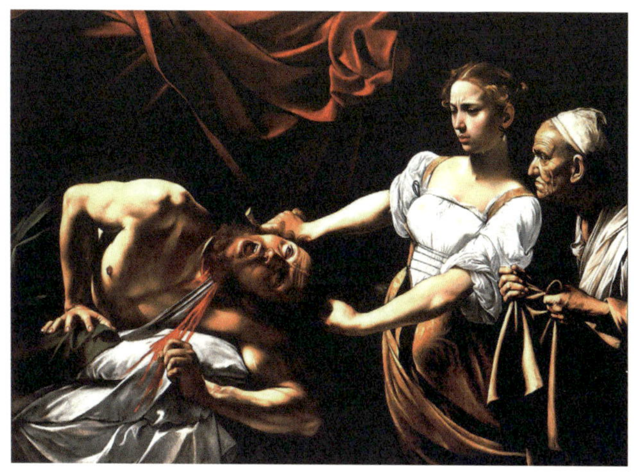

카라바조, 《홀로페르네스의 목을 베는 유딧》, 1598

보아스의 결단

지금 오히려 코너에 몰린 쪽은 보아스입니다. 룻이 유혹의 손길을 뻗치던 순간, 그는 어떤 결단을 내려야 했을까요? 음란하다며 몰인정하게 내칠 수도 있었습니다. 그러나 보아스는 룻을 받아들이는 쪽을 선택했습니다. 왜 그랬을까요? 룻에게 매력을 느껴서? 순식간에 당해서? 어떤 하나님의 감동으로? 알 수 없습니다. 그러나 그는 룻을 받아들이기로 결단했고, 결국 이것이 하나님의 사건이 되었습니다. 역사를 만든 것입니다. 환대가 필요한 순간, 보아스는 일시적인 환대가 아니라 온전한 환대를 했습니다. 온전한 환대란 타자를 자신의 가족으로 받아들이는 것을 말합니다. 온전한 환대는 자기를 변화시키고, 이를 통해 새역사를 창조합니다.

하나님의 환대는 인간의 환대로 실현됩니다. 룻기에서 반복되는 주제입니다. 본문의 두 단어가 이를 잘 보여줍니다. 하나는 9절에 있는 '날개'입니다 "당신의 옷자락을 펴 당신의 여종을 덮으소서." 여기 '당신의 옷자락'은 '당신의 날개'를 뜻합니다. '카나프'날개라는 히브리어 단어가 사용됩니다. '날개'는 하나님의 보호를 표현할 때 자주 등장합니다. 2장 12절의 "이스라엘의 하나님 여호와께서 그의 '날개' 아래에 보호를 받으러 온 네게 온전한 상 주시기를 원하노라."라는 말씀이 그렇습니다. 지금 보아스가 룻의 날개가 되어 그를 보호합니다. 보아스가 하나님의 날개입니다.

또 주목해야 할 단어는 '인애'^{선행}입니다. 10절의 "네가 베푼 인애가 처음보다 나중이 더하도다."에서 '인애'는 히브리어로 '헤세드'입니다. 룻이 나오미에게 헤세드를 베풀었습니다. 나오미의 친구가 되어 영혼의 외로움을 달래주었고, 먹을 것을 공급하였습니다. 지금은 자기 몸을 바쳐 나오미의 미래를 보장하려 합니다. 나오미를 향한 하나님의 헤세드가 룻을 통해 이루어졌던 것입니다. 이제는 보아스가 룻과 나오미에게 헤세드를 베풀어야 합니다. 이 헤세드는 또한 보아스에게 주어지는 하나님의 헤세드일 수 있습니다. 보아스의 인생은 희망이 없었고 무료했습니다. 그런 삶에 변화가 찾아오고, 즐거움이 임하고, 미래가 열렸습니다. 룻과 보아스는 서로에게 헤세드입니다.

하나님은 손이 없습니다. 대신 사람의 손을 통해 자신의 헤세드를 보여주십니다. 사람이 베푸는 친절한 손은 실상 하나님의 손입니다. 당신이 그 하나님의 손이 되십시오. 하나님의 손은 지금도 우리 가까이에서 우리를 돕고 있습니다.

남성의 목을 자르는 유딧 이야기

본문의 그림은91쪽 한 여성이 남성의 목을 자르는 매우 섬뜩한 작품이다. 17세기 초의 위대한 화가로, 실제 거친 모습을 생생히 재현하는 자연주의풍의 카라바조Caravaggio의 작품이다. 이 작품의 배경은 외경의 〈유딧서〉이다.

유딧은 유대인 므라리의 딸로, 남편을 여의고 혼자 살던 과부였다. 과부였지만 매우 매력 있고 아름다웠으며, 경건하면서도 부유했다. 외경 본문은 '심히 아름다웠다.'라는 말을 끊임없이 반복한다. 바벨론 포로기 이후 벌어진 일인데, 앗시리아 군의 총사령관 홀로페르네스가 군대를 이끌고 유대 땅을 침공했다. 이를 막기 위해 유딧은 과부의 옷을 벗고 신분을 속인 채, 시녀와 함께 홀로페르네스의 진영으로 들어간다. 홀로페르네스는 유딧의 말과 미모에 홀리고, 포도주에 잔뜩 취하여 침대 위에 곯아떨어졌다. 그때 유딧이 홀로페르네스의 머리털을 잡고, 그의 목을 칼로 내리쳤다. "있는 힘을 다하여 홀로페르네스의 목덜미를 두 번 내리쳐서 그의 머리를 잘라버렸다."유딧 13:8

카라바조는 이 모습을 사실 그대로 재현했다. 이보다 앞서 미켈란젤로Michelangelo 또한 시스틴 성당의 천장 한 구석에 《유딧과 홀로페르네스》1509라는 작품을 그려 넣은 바 있었다. 이 그림에서는 유딧과 시녀가 홀로페르네스의 목을 쟁반에 받쳐 들고 가고 있고, 목 없는 시체가 침대에서 허우적대고 있다. 여성이 남성 적장의 목을 베는 장면은 신앙의 덕을 예찬하는 것을 넘어, 남성 권력에 저항하는 여성이라는 페미니즘의 소재가 되었다.

카라바조의 여성 제자 아르테미시아 젠틀레스키Artemisia Gentileschi의 《홀로페르네스의 목을 베는 유딧》1620은 이런 면에서 유명하다. 카라바조와 유사한 화풍이지만, 대신 목이 잘리는 남성의 얼굴에 자기를 성폭행했던 남성의 얼굴을, 유딧은 자신의 얼굴을 그려 넣었다. 목을 자르는 여성들은 카라바조의 그림에 비해 전혀 망설임이 없고 더 생생하다. 팔뚝은 남자의 것처럼 우람하고 두 여성은 서로 협력하고 있다. 젠틀레스키는 최초의 페미니즘 화가로 불린다.

현대에 와서는 구스타프 클림트Gustav Klimt의 《유디트》1901가 유명하다. 유딧은 현대적으로 해석되어 팜므파탈파멸로 이끄는 여성한 인물로 변모했다. 매우 관능적이고 에로틱한 모습인데, 한 손에 남성인 홀로페르네스의 잘린 머리를 들고서 쓰다듬고 있다. 관능성이라는 여성성을 극단적으로 예찬하면서, 다른 한편 여기에 빠지면 죽는다는 남성들을 향한 경고를 담고 있다.

남성들의 가부장제에 저항하는 여성 해방운동은 20세기 초,

중엽에 들어와서야 조금씩 결실을 보게 되었다. 노예 해방과 흑인 해방보다 더 늦게 이루어졌고, 보수적인 한국 사회에서는 여전히 진행 중인 뜨거운 이슈이다.

젠틀레스키, 《홀로페르네스의 목을 베는 유딧》, 1620

룻기, 환대와 연대의 이야기

12 "내가 기업을 무를 수 있는 고엘인 것은 사실이지만, 나보다 더 가까운 친척이 있다. 13 일단 이 밤은 여기에 머물라. 아침에 그 사람이 너에 대한 권리를 행사하길 원한다면 좋고, 그가 고엘이 될 것이다. 그가 원치 않는다면 하나님께 맹세코 내가 너의 고엘이 될 것이다. 날이 밝을 때까지 누워 있으라." 14 룻이 새벽까지 그의 발에 누워 있었고, 사람을 서로 식별하기 어려울 즈음 일어났다. 이는 보아스가 '여인이 타작마당에 온 것이 사람들에게 알려져서는 안 된다.'라고 말했기 때문이었다. 15 보아스가 "네가 두르고 있는 외투를 벗어서 펼쳐 잡으라."라고 말하자, 룻이 외투를 펼쳐 잡았고, 보아스는 보리를 여섯 번 되어서 주었다. 보아스가 그것을 룻의 어깨에 지워 주었고, 룻은 마을로 들어갔다. 16 룻이 시어머니에게 돌아오자 나오미가 "내 딸아, 일이 어떻게 되었느냐?" 하고 물었다. 룻은 보아스가 행했던 모든 것을 나오미에게 말했다. 17 룻은 "그 사람이 나에게 보리를 여섯 번이나 되어 주면서, '빈손으로 네 시어머니에게 가지 말라.'고 했습니다."라며 전했다. 18 그러자 나오미가 말했다. "내 딸아, 이 일이 분명해질 때까지 기다려라. 그 사람은 오늘 이 일을 해결하기까지 쉬지 않을 것이다."

6

룻과 보아스의 사랑

나오미의 지혜

룻기 2장과 3장의 무대는 밭입니다. 1장은 길이었고, 4장은 성문 앞입니다. 2장은 추수가 이루어지는 밭이고, 3장은 타작마당입니다. 밭은 인간의 먹을 것과 관련된 가장 중요한 공간입니다. 인간은 오랜 세월 수렵과 채취로 먹고살았습니다. 그러다 곡물을 재배하는 법을 알게 되면서 농사를 짓게 되었습니다. 산업혁명보다 더 큰 영향을 인류에게 미쳤던 농업혁명의 시작입니다. 농사를 지으면서 거대 공동체가 생기고, 관료나 지식 엘리트가 출현했습니다. 언어와 문화와 종교의 발달 또한 이루어졌습니다. 대지나 밭은 인간 삶의 터전이기에 이와 관련된 신화도 일찍부터 발달했고, 이렇게 생긴 신화와 종교가 인간을 더 대지에 매이게 하고, 땅을 신성화하도록 만들었습니다.

밭과 관련된 대표적인 그리스 신화가 있습니다. 고대 그리스에서는 대지의 여신을 데메테르라 불렀습니다. 데메테르에게는 딸이 하나 있었는데 이름이 페르세포네입니다. 어느 날 지하의 신 하데스가 페르세포네를 납치해 지하 세계로 데려가 자기 아내를 삼았습니다. 딸을 빼앗긴 데메테르는 대지에 저주를 내렸습니다. 열매가 없고, 푸르름을 상실한 대지는 곧 황폐해졌습니다.

어머니 데메테르는 '엘레우시스'라는 곳을 통해 저승에 가서 페르세포네를 데려왔습니다. 그런데 이 딸은 지하 세계의 음식인 석류 과즙 한 방울을 먹었기에 하데스를 완전히 벗어날 수 없게 되었습니다. 그래서 4개월은 지하의 여왕으로 살아야 했고, 나머지 시간만 지상에서 데메테르와 같이 살 수 있었습니다. 이 4개월은 바로 곡식이 자라지 않는 겨울이나 건기에 해당합니다. 데메테르가 지하 세계로 내려가는 엘레우시스 밀교Eleusinian Mysteries 의식은 고대 그리스에서 가장 대중적인 축제였습니다.

나오미와 룻의 관계가 데메테르와 페르세포네의 관계와 유사합니다. 두 명의 여성이 서로 우의가 있으며 서로를 위합니다. 둘의 관계에 따라 대지에 풍성한 생산이 이루어집니다. 다른 점은 데메테르는 그 딸을 빼앗겼지만, 반대로 나오미는 룻을 보아스와 결혼시키려 합니다. 어찌 되었든 그 사랑이 이루어져야 대지가 풍

 룻기, 환대와 연대의 이야기

요로워집니다. 사랑이 없는 대지는 마르고 황폐한 황무지가 됩니다. 룻과 보아스의 사랑이 이루어지기 전까지, 나오미의 인생은 마라, 곧 쓴 인생이요 빈손이었습니다.

이 과정에서 대지의 여신 데메테르가 그러하듯 모든 과정을 나오미가 주도하고 있습니다. 나오미는 "내 딸아 내가 너를 위하여 안식할 곳을 구하여 너를 복되게 하겠다."[1절]라는 계획을 세웁니다. 보아스가 타작마당에 있다는 것을 알아내고는, 룻이 몸을 씻고 기름을 바르게 합니다. 그리고는 한밤중에 보아스를 찾아가 "그의 발치 이불을 들고 거기 누우라."[4절]라는 구체적인 지시를 합니다. 그 이후 전개될 일까지 나오미는 훤히 꿰뚫고 있습니다. "그가 네 할 일을 네게 알게 하리라."[4절] 뿐만 아니라 룻과 보아스가 하룻밤을 보내고 오자 룻에게 18절과 같은 말을 합니다. "시어머니가 이르되 내 딸아, 이 사건이 어떻게 될지 알기까지 앉아 있으라. 그 사람이 오늘 이 일을 성취하기 전에는 쉬지 아니하리라."

나오미는 마치 신과 같습니다. 모든 과정을 주도할 뿐만 아니라, 향후 전개될 일도 훤히 알고 있습니다. 지금의 나오미는 자기 인생을 '마라'[쓰다]라고 탄식하던 그 나오미가 아닙니다. "여호와의 손이 나를 치셨다."[1:13], "여호와께서 나를 징벌하셨고 전능자가 나를 괴롭게 하셨거늘"[1:21] 하던 무능력한 나오미가 아닙니다. 나오미는 어떻게 이처럼 갑자기 지혜로운 여인이 되었을까요? 오랜 세월 고생하다 보니 연단을 받아 지혜가 생긴 것일까요? 아니면 어떤 하나님의 계시나, 믿음의 확신이 있었을까요?

그 이유는 알 수 없지만, 나오미는 노인이 지녀야 할 바람직한 모범을 보여줍니다. 두 가지인데 하나는 사랑이요, 다른 하나는 지혜입니다. 능력은 사랑에서 나옵니다. 사랑하면 답이 보이고 길이 보입니다. 노인에게 필요한 것은 비판의 말이나 고집이 아니라 이해와 사랑입니다. 모든 것을 포용하고 감싸는 사랑입니다. 데메테르나 나오미의 능력은 사랑에서 나왔습니다.

지혜는 오랜 세월 경험이 축적되며 생깁니다. 마치 도서관과 같습니다. 아프리카 관련 격언에 "한 명의 노인이 사라지는 것은 한 개의 도서관이 사라지는 것과 같다."라는 말이 있습니다. 노인의 머릿속에 경험이 축적되어 있기 때문입니다. 과거의 경험은 왜 필요합니까? 현재의 위기를 돌파하기 위해서입니다. 지혜의 핵심은 예지력입니다. 예측하는 것이고, 대비할 수 있는 능력입니다. 인생을 충실히 경험하며 나이를 먹는다면 우리는 하나님으로부터 이런 지혜를 선물로 받습니다. "백발은 영화의 면류관이라 공의로운 길에서 얻으리라."잠언 16:31 지혜로운 자에게 양식이 주어집니다. "이 보리를 여섯 번 되어 주며 이르기를 빈손으로 네 시어머니에게 가지 말라 하더이다."17절

불임에서 풍요로

대지와 관련된 신화는 신들의 결혼이라는 주제로 발전합니다. 대표적으로 바알 신앙이 그렇습니다. 바알 신은 비와 폭풍의 신입니다. 흔히 초근목피의 신이라고도 합니다. 중동지방은 여름철이 건기여서 모든 풀이나 곡식이 죽습니다. 그러다 10월 무렵 이른 비가 내리기 시작하면서 모든 만물이 다시 살아납니다. 바알 신은 이런 자연의 순환처럼 매년 죽었다가 다시 살아나는 행위를 반복합니다. 아세라 또는 아낫 우상은 바알의 어머니 또는 아내로 알려졌습니다. 아세라가 죽은 바알 신을 깨우러 지하에 내려갑니다. 비가 오는 것을 이 두 부부 신의 결합에서 빚어지는 것이라 생각하여, 섹스를 종교 의식화했습니다. 인간의 성적인 행동에 호응하여 우상들의 재생과 결합이 촉진된다는 자연교감 행위입니다.

이 바알 제의의 희생자가 호세아의 아내 고멜입니다. 고멜은 "음탕한 저 고멜과 같이도 …"라는 찬송가 가사처럼 일방적으로 부도덕하고 타락한 여인으로 정죄 받고 있는데, 이는 좀 억울한 측면이 있습니다. 이스라엘 온 사회가 풍요 제의에 물들어, 풍년을 기약하고 생산을 촉진하고자 이런 성전 섹스를 강요하였습니다. 우상에 물든 가부장제 사회라는 구조악에 희생당한 자가 고멜입니다. 사회적으로 강제한 악을 한 개인에게 무거운 책임을 돌려 비난받게 하는 것은 정당하지 않습니다.

성서가 바알 우상을 공격하는 것은 풍요 신앙 자체가 아닙니다. 풍요의 주인으로서 마땅히 경배받아야 할 대상이 여호와 하나님이 아니라 바알이 되었기 때문입니다. 바알이 차지한 자리에 여호와 하나님을 넣으면 호세아서의 메시지는 쉽게 이해됩니다. 하나님은 이스라엘을 향하여 다음과 같이 설득합니다. "보라 내가 그를 타일러 거친 들^{광야}로 데리고 가서, 말로 위로하고, 거기서 비로소 그의 포도원을 그에게 주고 … 그 날에 네가 나를 내 남편이라 일컫고, 다시는 내 바알이라 일컫지 아니하리라."호세아 2:14-16 바알에게 바람난 이스라엘 백성을 향한 하나님의 간절한 호소입니다. 다시 순수했던 광야 시절로 돌아가서 재결합하자는 하나님의 애원입니다. 곧 이스라엘과 하나님의 결혼입니다.

이스라엘의 풍요는 바알이 아닌 하나님이 주셨다고 호세아는 탄식합니다. 비와 풍요를 주관하는 자는 이스라엘의 하나님입니다. "우리가 여호와를 알자. 힘써 여호와를 알자. 그의 나타나심은 새벽빛같이 어김없나니, 비와 같이, 땅을 적시는 늦은 비와 같이 우리에게 임하시리라."호세아 6:3 "너희 묵은 땅을 기경하라. 지금이 곧 여호와를 찾을 때니 마침내 여호와께서 오사 공의를 비처럼 너희에게 내리시리라."호세아 10:12 여기에는 하나님과 이스라엘 백성 사이에 이루어지는, 약간은 성적인 뉘앙스가 있습니다. 그러나 하나님은 우리에게 이런 식의 성적 제의를 요구하지는 않습니다.

이는 하나님과 인간의 결합을 상징하는 강력한 은유입니다.

 룻기, 환대와 연대의 이야기

풍요나 생산도 하나님과 온전히 연합할 때 이루어집니다. "나는 포도나무요 너희는 가지라. 그가 내 안에, 내가 그 안에 거하면 사람이 열매를 많이 맺나니."**요한복음 15:5** 룻과 보아스의 결합에 의해서 메마른 땅에 단비가 내리고 대지는 푸르름과 풍요를 되찾습니다.

드디어 사랑을 만나다

지금 룻과 보아스의 만남이 그렇습니다. 대지라는 밭에서 한밤중에 일어난 일입니다. 사랑과 풍요가 결합하고 있습니다. 19금에 해당하는 대단히 선정적인 장면입니다. 보아스가 술에 취해 누웠습니다. 룻이 "그의 발치 이불을 들고 거기 누웠더라."**7절**라고 했는데, 발은 남성의 성기를 상징합니다. 뒷일을 보는 것을 '발을 감추었다.'라고 표현하는 것이 성서의 표현 방식입니다. 룻은 보아스의 알몸으로 파고든 것입니다. 당시 중동인들의 옷은 달리 속옷이 없기에 겉옷을 벗으면 알몸이고, 겉옷은 잠잘 때 이불로 사용되기도 합니다. 밤중에 보아스가 술에서 깨어 이 사실을 알았지만, 두 사람은 그 상태로 날이 샐 때까지 함께합니다.

"룻이 새벽까지 그의 발치에 누웠다가, 사람이 서로 알아보기 어려울 때에 일어났으니."**14절** 여기서 또 '발'이라는 단어가 사용되었습니다. 경건한 기독교인들이나 유대인들은 이 장면을 어떻게든 정숙한 상태로 유지하기를 원합니다. 유대교 미드라쉬는 보아스가 유혹을 참으며 밤새도록 기도했다고 전합니다. "우주의 주재여, 내가 그녀를 손대지 않았음을 당신이 잘 알고 있습니다. 마찬가지로 한 여인이 타작마당에 왔다는 것이 알려지지 않게 하옵소서. 하늘의 이름이 나로 말미암아 모욕당하지 않기를 바랍니다."**룻 라바 7,1**

해석에는 인간적 판단이 들어가기 마련입니다. 오히려 남녀의 사랑이 성적인 결합으로 이어지는 것이 더 자연스럽습니다. 또한 여기서 두 사람의 도덕성을 높여주는 것이 더 신앙적인 읽기라거나, 이야기 전개상 꼭 필요한 요소도 아닙니다. 사람들은 하나님보다, 또 성경보다 더 경건하고 더 도덕적인 경향이 있습니다. 하나님과 이스라엘의 관계를 사랑과 결혼으로 묘사하는 에스겔서의 이 과감함을 보십시오.

"그리고서 내가 너를 키워 들의 풀처럼 무성하게 하였더니, 네가 크게 자라 보석 가운데서도 가장 아름다운 보석처럼 되었고, 네 유방이 뚜렷하고, 머리카락도 길게 자랐는데, 너는 아직 벌거벗고 있었다. 그때에 내가 네 곁으로 지나가다가 너를 보니, 너는 한창 사랑스러운 때였다. 그래서 내가 네 몸 위에 나의 겉옷 자락을 펴서 네 벗은 몸을 가리고, 너에게 맹세하고, 너와 언약을 맺어서, 너는 나의 사람이 되었다. 나 주 하나님의 말이다."**에스겔 16:7-8**

저는 오히려 이 두 사람의 결합을 축복하고 싶습니다. 자기

 룻기, 환대와 연대의 이야기

마음에 드는 짝을 찾아 하나가 되는 것은 자연의 순리이기도 하고, 하나님이 기뻐하십니다. 불륜이나 폭력을 말하는 것이 아니라 진정한 사랑을 말합니다. 이 둘 사이에 불법적인 요소는 없습니다. 미비한 법도나 정식 과정은 이후에 채워 넣으면 되는 부차적인 것입니다. 유대 미드라쉬는 이때 룻의 나이가 40세였고, 보아스의 나이는 80세였다고 추정합니다.룻 라바 4,4; 7,4 실제 이 정도 나이였는지는 모르겠지만 결혼까지 했던 성인들에게 순결 관념을 요구하는 것은 지나칩니다. 이야기 구조상으로도 불필요하고, 성도덕을 중시하는 중세나 현대의 관점이 성경 해석을 그렇게 몰아가고 있을 뿐입니다.

렘브란트, 《보아스와 룻》, 1647

개성화 과정

룻이나 보아스에게는 자기 짝이 필요합니다. 칼 융^{Carl G. Jung}은 이를 '개성화'^{Individuation}란 용어로 표현하였습니다. 인간에게는 집단 무의식이 있습니다. 남자 안에는 '아니마'^{anima}라는 여성성이 있습니다. 여자 안에는 '아니무스'^{animus}라는 남성성이 있습니다. 이 둘이 통합되어야 마음에 평화가 찾아옵니다. 남자나 여자는 마치 한쪽 날개를 잃은 것처럼 부족하고 그래서 서로를 갈망합니다. 여성은 남성을 찾고, 남성은 여성을 찾습니다.

그런데 보면 룻이 오히려 남성처럼 보입니다. 선이 굵습니다. 룻을 이끌어가는 것은 사랑보다는 의리입니다. 시어머니 나오미에게 룻이 헤세드를 베풀었는데, 이는 사랑이라기보다는 의리로 규정하는 것이 더 적절합니다. 룻은 밭에서 일을 하는데, 딴짓이나 게으름을 피우지 않고 열심히 이삭 줍는 일만 합니다. 보아스는 이런 룻을 향해 '현숙한 여인'[11절], 정확히는 '유능한 여인'이라 부릅니다. 룻은 나오미의 말에 이유를 묻거나 주저하지 않고 절대 순종합니다. 거절당하거나 창녀 취급당하는 것을 전혀 두려워하지 않습니다. 주도적으로 먼저 남자 품으로 파고듭니다. 그런데 그 목적은 사랑이 아니라, 자신과 시어머니의 미래의 '안전'입니다.

반면에 보아스는 유력하고 부요한 남자이지만 성격적으로는 여성적입니다. 보아스는 이방인이나 과부를 차별하거나 그들을 향한 편견이 없습니다. 가난하지만 의리가 있는 룻에게 친절을 베풀어 일자리를 제공합니다. 사랑스런 마음에 이삭이나 곡식을 아낌없이 줍니다. 자기 품으로 파고든 룻이 부끄럽지 않도록 배려합니다. 룻이 날이 새기까지 안전한 타작마당에 있게 하고, 또 사람들이 목격하지 못하도록 하여 룻에게 좋지 않은 소문이 나지 않도록 배려합니다. 룻과 자기 사이에 더 가까운 기업 무를 자라는 장애물이 있음도 정확히 인지하고 있습니다. 감정이나 욕망에 휘둘리지 않는 지혜로운 사람입니다.

"네 겉옷을 가져다가 그것을 펴서 잡으라 하매, 그것을 펴서 잡으니, 보리를 여섯 번 되어 룻에게 지워 주고, 성읍으로 들어가니라."15절 이 장면은 다른 무엇보다 룻을 향한 보아스의 지극한 사랑을 느끼게 합니다. 사랑하면 더 좋은 것을 주고 싶어 합니다. 연인의 등에 곡식을 지워 주는 보아스의 모습은 룻기 전체에서 가장 사랑스러운 장면입니다.

둘은 잘 맞습니다. 자상하지만 수동적인 보아스에게는 저돌적이고 단순한 성격의 룻이 필요합니다. 보아스는 룻을 통해서 인생의 활력을 찾았고, 인생의 새로운 목표가 생겼습니다. 반면에 룻에게는 안정이 필요합니다. 그동안 힘들게 살았는데, 몸이나 정신적으로 평화를 가져다줄 사람이 필요합니다. 두 사람은 서로의 부족함을 채워주고 있습니다. 칼 융은 '대극의 합일'coniunctio oppositorum이라는 표현을 사용합니다. 자신의 부족한 부분을 통합함으로써 행복, 곧 온전한 자기실현에 이릅니다. 결혼이나 남녀의 만남이 이런 식으로 서로를 보충할 수 있으면 좋고, 그때에 생산적이 됩니다. 나의 아니마, 아니무스를 제대로 찾아야 합니다. 이는 신적인 결혼처럼, 하나님의 형상을 온전히 이룬다는 점에서, 신성하기조차 합니다.

아니마, 아니무스는 남녀 관계에서만 이루어지는 것이 아닙니다. 대신 유명 연예인이나 이념이 그 대상이 될 수도 있습니다. 또 하나님이나 종교가 그 대상이 될 수도 있습니다. 그렇지만 무조건 자기 욕망만을 따라가려는 자세는 옳지 않습니다. 인간에게는 현실과 사회성이라는 제한이 존재합니다. 때로는 적당한 선과 거리두기가 필요합니다. 한쪽에 완전히 빠지면 현실성을 잃습니다. 전혀 무시하면 자기실현에 실패합니다.

그리스도를 향한 우리의 신앙도 마찬가지입니다. 우리 마음의 부족한 한쪽을 채우려고, 또는 내가 원하는 것을 투사하면서 우리의 신앙이 완성됩니다. 그리스도는 무한한 인격으로 우리 모든 필요를 맞추어주십니다. 그리스도는 누구에게나 맞습니다. 제한이나 한계도 없습니다. 사도 바울은 그리스도를 신랑 삼은 사람이었습니다. "모든 것을 해로 여김은 내 주 그리스도 예수를 아는 지

식이 가장 고상하기 때문이라. 내가 그를 위하여 모든 것을 잃어버
리고 배설물로 여김은, 그리스도를 얻고 그 안에서 발견되려 함이
니."^{빌립보서 3:8-9}

사도 바울은 그리스도 안에서 충분히 그 사랑을 맛보았습니
다. 룻과 보아스의 만남은 그리스도와 우리의 만남을 상징합니다.
그리스도는 우리의 갈망을 온전히 채워주시는 분입니다.

삼손과 들릴라의 치명적 사랑

사사기 13-16장에는 이스라엘 사사 삼손의 이야기가 장황
하게 서술되어 있다. 그런데 삼손에게서는 어떤 도덕성이나 신앙
을 기대할 수 없다. 민족의 원수인 블레셋 족속을 향한 통쾌한 복
수극과 《홍길동전》과 같은 영웅서사만 남아 있을 뿐이다. 더구나
삼손과 들릴라 이야기는 재미는 있지만, 성경에서 이처럼 장황하
게 다루어야 하는지 의문이 들 정도로 복잡다단하고, 매우 통속적
이다.

최근 성서학 연구에서는 프로이트와 융의 심리학이나, 민속
학과 구조주의 방법론을 도구로 분석하는 설화비평이 성서 이해

에 새로운 빛을 주고 있다. 삼손과 들릴라 이야기는 설교의 케리그마를 발굴하려는 목적보다는, 성 심리학을 이용한 인간 심리 분석 이해에 초점을 둔다면 오히려 본문 문자에 숨겨진 더 깊은 이해를 끄집어낼 수 있다.

다음의 글은 미크 발Mieke Bal의 《치명적 사랑 *Lethal Love: Feminist Literary Reading of Biblical Love Stories*》1987 중, "해체된 들릴라: 삼손의 치유 과정과 주체성의 수사학"pp.37-67 부분을 편집 요약하고, 내 생각을 더하여 재정리한 것이다.

첫 번째 여자

삼손은 아버지의 품을 떠나 끊임없이 이방 여자의 품으로 달려간다. 이는 남성성의 근저에 있는 자기의 근원과 만나기 위한 몸부림이다. 하나님과 자기라는 이자적二者的이며 상상적인 관계 imaginary order에서, 들릴라로 대표되는 타인이 그 가운데 들어가는 삼자적이며, 사회적이며, 상징적 관계symbolic order로 들어가기 위한 재탄생의 과정이다. 이 과정에서 성이라는 근원적 요소가 해결돼야 하기에 삼손 이야기는 필연적으로 여자를 중심으로 전개된다. 삼손은 세 명의 여자와 사랑을 나눈다. 사사기 14:1, 16:1, 4

첫 번째 여자 이야기의 핵심은 삼손이 결혼식 전날 그의 동무들에게 낸 수수께끼에 있다. "먹는 자에게서 먹는 것이 나오고, 강한 자에게서 단 것이 나왔다."14:14 옛날 이야기fairy tale에 등장하는 수수께끼는 성적인 성숙과 관련된다. 이 수수께끼의 해답을 맞추는 자는 여성과 성의 신비를 아는 자이다. 이 수수께끼는 혼인 잔치에서 소년들에게 제시되었다.

이 수수께끼에는 남성이 가진 힘이라는 요소와 성의 즐거움이 암시되어 있다. 삼손은 여자를 취하기 위해 딤나로 내려가는 도중 어린 사자와 싸워, 사자를 염소 새끼 찢듯이 찢어 죽인다. 얼마 후 다시 딤나로 내려가다가 자신이 죽였던 사자의 몸에서 꿀이 만들어진 것을 발견한다. 삼손은 혼인 잔치에서 이것을 수수께끼로 제시했던 것이다.

이는 성과 관련된 상징들이다. 성은 달콤하고, 그 꿀은 그 몸 안에 있다. 미크 발은 이 상징을 설명하며, 사자가 찢기듯이 신부의 처녀막도 찢기며, 사자의 몸에서 달콤함이 나오듯이 성교가 갖는 달콤함이 있다고 한다. 사자는 강한데 여자도 강한 것인가? 강한 것과 달콤한 것을 연결시킨 것은 바로 삼손인데, 삼손의 의식에서 여자는 무서울 정도로 강한 존재이다. 이 강한 존재로부터 꿀을 얻기 위해서는 거대한 힘이 필요하다.

그 동무들은 이 수수께끼의 비밀을 제대로 밝혔나? 그들은 그렇지 못했다. 비록 신부를 닦달해서 그 답을 알아냈지만, 그 의미를 제대로 모른 채 답했을 뿐이다. "무엇이 꿀보다 달겠으며, 무엇이 사자보다 강하겠느냐?"14:18. 그들은 강함과 달콤함을 서로 연결 짓지 못했다. 강한 것은 사자 곧 여자요, 그 여자를 찢을 때 즐거움이 나온다는 사실이다. 삼손은 자신의 거대한 힘을 이용해 이 즐거움을 얻었던 것이다. 여자가 진정으로 강하다는 것과 자신이 힘을 이용해서 이 즐거움을 취했다는 것은 비밀로 감추어져야 한다. 이 비밀이 밝혀지는 순간 자신은 힘을 잃게 될 것이다.

첫 번째 여자와의 사랑에서 삼손은 자신의 근원을 발견하는 것에 실패한다. 그의 성은 아직도 부모에게 매여 있다. 삼손은 그 비밀을 밝히지 않은 채 사자에게서 난 꿀을 부모에게 먼저 갖다 준 바 있다.14:9 자기 부인에게 주어야 할 것을 부모에게 주었다. 삼손의 자아는 이자적二者的 관계, 즉 자기와 상대방 속에 투영된 자기만을 알 뿐이며 자기도취적이다. 삼손은 그 사이에 제삼자가 포함된 복잡한 사회적 관계를 이해하지 못한다.

그 비밀은 여자의 입을 통해 그녀의 동족들에게 알려졌다. 이에 분노한 삼손은 다른 블레셋인들을 죽여 삼십 벌의 옷을 그 동무들에게 주고, 자기 아내도 친구에게 넘기고 집으로 돌아간다. 이후 그 신부의 집으로 두 번째 방문하지만15:1 또 실패한다. 여자의 부모는 삼손의 성적 성숙을 인정하지 못하고, 어리다고 판단해 그 동생을 소개한다. 자신의 성숙을 확신했던 삼손은 자신을 인정하지 않는 블레셋인들의 밭에 불을 지르고, 결국 이 일로 첫 번째 신부의 가족은 몰살당하고 만다.15:6 삼손은 첫 번째 성의 여행에서

룻기, 환대와 연대의 이야기

철저히 실패한다.

두 번째 여자

첫 번째 여자는 합법적 신부였으나, 두 번째 여자는 창녀였다.[16:1] 심리학자 프로이트는 남자에게 있어서 비천한 사랑의 필요성을 언급한 바 있다. 뛰어난 여자는 남자를 왜소하게 만든다. 창녀는 그렇지 않기 때문에 남자를 편하게 한다. 삼손은 편안한 여자를 대상으로 두 번째 성의 여행을 떠난다. 그러나 이번에도 삼손은 실패한다. 사랑의 밤에 밀고와 위험과 매복이 벌어진다.[16:2] 사랑 앞에 삼손은 늘 공격받기 쉬운 취약한 존재가 된다. 이번에도 실패한 삼손은 하나의 상징적인 행위를 벌인다. 도시의 성 문짝을 파괴한 것이다.[16:3] 성 상징으로 본다면 이는 여자의 문을 강제로 연 셈이다.

삼손과 들릴라

들릴라는 다른 여자들과는 달리 자신의 이름을 가지고 있으며, 가문 소개 없이 등장하는 자주적 여성이다. 삼손은 이제 순수

한 한 여자만을 대상으로 자신의 성의 여행을 시도한다. 삼손이 들릴라의 집에 있다는 소문을 듣고 블레셋 방백들은 그를 제거하려는 음모를 펼친다. 이제 본격적으로 삼손의 힘의 근원이 문제가 되기 시작한다. 첫 번째 경우와 달리 이제는 들릴라와 적들이 주체가 되고, 삼손은 수동적 존재가 되어 반응만 할 뿐이다.

첫 번째 시도. 삼손의 힘의 근원을 묻는 들릴라에게 그는 푸른 칡 일곱으로 자신을 묶으면 자기가 약해져서 다른 사람들과 같이 될 것이라고 거짓말을 한다. 들릴라는 자는 중에 사랑은 남자를 약하게 만든다 삼손을 묶은 후, "블레셋 사람이 당신에게 미쳤느니라"16:9, 12, 14, 20라고 말한다. 들릴라의 첫 번째 시도는 실패로 돌아간다. 그러나 삼손이 이 부분에서 거짓말만 한 것은 아니다. 자기 힘의 진짜 근원에 대해서 말하지는 않았지만, 이 힘은 그에게 예외적임을 밝힌 것이다. 본래적이 아니며 빼앗길 수도 있다는 점을 폭로한 것이다.

두 번째 시도. 들릴라는 삼손의 거짓말을 비난하며 다시 힘의 근원이 무엇인지 묻는다. 이상할 정도로 삼손은 들릴라의 사악한 의도를 전혀 비난하지 않는다. 침묵은 곧 긍정을 뜻한다. 그는 무엇을 긍정하고 있는 것인가? 삼손은 이번엔 전혀 '쓰지 아니한' 새 밧줄rope로 묶으면 자신이 다른 사람들처럼 약해질 것이라고 대

                    룻기, 환대와 연대의 이야기

답한다.

비록 실패했지만 두 번째 답은 첫 번째보다 진전이 있었다. 밧줄 곧 '로프'는 여러 가닥의 줄로 비비 꼬인 형태이다. 이는 사랑의 연루를 의미한다. 단순한 형태의 푸른 칡보다 로프는 삼손의 감정의 진보를 의미한다. '쓰지 아니한'은 처녀성virginity을 의미한다. 미크 발은 이는 삼손의 순결성을 의미한다고 말한다. 이 순결성은 진정한 사랑에 이르지 못하는 삼손의 무능력을 뜻한다.

세 번째 시도. 민담에서 '삼'이라는 숫자는 완전성을 의미한다. 따라서 세 번째 시도는 반드시 성공해야만 한다. "그대가 만일 나의 머리털 일곱 가닥을 베틀의 날실에 섞어 짜면 되리라."16:13 여기서 특이한 것은 '그대'라는 2인칭이 처음으로 등장했다는 것이다. 이제 삼손과 들릴라 간에 직접적인 관계성이 형성되었다. 일곱은 충만함을 의미하고, 섞어 짜는 행위는 묶는 행위보다 더 강고한 연대를 뜻한다.

마침내 핵심에 근접했다. 머리털은 삼손에게는 힘의 근원이고, 여자에게는 성적 매력의 근원이다. 세 번째 답에 언급된 도구로 삼손의 머리털을 섞어 짜는 베틀이 등장한다.16:14 베틀짜기는 전통적으로 가정이라는 좁은 공간에서 하는 여자의 일이다. 남자는 주로 바깥일을 하기에, 여성적인 가정일에 묶이는 것을 두려워한다.

베를 짠다는 것은 잠든 동안 두 연인의 머릿결이 섞여 짜들어 가는 것을 의미한다. 미크 발은 이렇게 함께 짜들어 가는 것에 대한 남성의 공포를 프로이트 심리학 이론으로 설명한다. 여자의 성기에는 이가 나 있다.vagina dentata 남자는 이 속에서 자신의 페니스, 곧 자아가 상실될 수 있다는 공포감을 느낀다. 이런 비밀을 조심스럽게 폭로하면서 삼손은 지금 두려워하고 있다. 실제 히브리어 원문을 보면 명확한데, 삼손은 말을 마저 끝내지 못했다. 가정법의 주절을 완성하지 못한 채 얼버무리고 만 것이다.

네 번째 시도. 세 번 속은 들릴라는 이번에는 삼손의 사랑에 호소한다. "당신의 마음이 내게 있지 않으면서 어찌하여 나를 사랑한다고 하느냐?"16:15 사랑은 전적이고 절대적이며 항복을 요구한다. 들릴라는 날마다 삼손을 괴롭힌다. 삼손의 영혼은 말라 죽을 지경이다.16:16

심리학적으로 남성들은 완전히 흡수되어 삼켜지는 것에 대한 공포가 있다. 출생 외상birth trauma이 이 공포의 근원이다. 남자들은 태어나면서 자궁과의 완전한 분리를 경험한다. 자궁과의 분리는 두려움과 공포를 야기시킨다. 자궁은 편하고 안전했던 곳이다. 남자들은 항상 그곳으로 돌아가려는 욕구desire와 동시에, 복귀에 따른 흡수와 망각, 새로운 분리에 대한 두려움fear을 가지고 있다. 이 두려움과 욕구는 서로 밀접하게 연관된 양가감정兩價感情이다. 심리학적으로 보면, 자신에게 이 양가감정을 일으키게 만든 주체인 여성을 지우기 위해 억압하고, 가정 안에 가둔 것이 바로 가부장제의 시작이었다.

드디어! 마침내! 삼손이 진실을 말하기 시작한다. "내 머리 위에는 삭도를 대지 아니하였나니, 이는 내가 모태에서부터 하나님의 나실인이 되었음이라. 만일 내 머리가 밀리면 내 힘이 내게서 떠나고, 나는 약해져서 다른 사람과 같으리라."16:17 삼손이 전적으로 항복하면서 처음으로 언급하는 단어는 바로 삭도razor이다. 삭도는 거세에 사용되는 치명적인 무기이다. 이 머리털남근이 잘리면 이제 남성으로서의 그의 힘도 끝장이 난다. 삼손은 이 머리털을 가지고 있을 때만 하나님과 특별한 관계를 가질 수 있었다.

삼손의 죽음

삼손은 이제 들릴라의 무릎 위에서 잠이 든다.16:19 이것은 사랑을 나눈 후의 만족감을 보여주면서, 삼손이 들릴라에게 완전히 항복했음을 의미한다. 그의 머리털이 잘려나가면서 그의 페니스는 힘을 잃었다. 잠에서 깨어나면서 보이는 삼손의 반응은 의외이다. "내가 전과 같이 나가서 몸을 떨치리라 하였으나, 여호와께서 이미 자기를 떠나신 줄을 깨닫지 못하였더라."16:20. 삼손은 자신이 진실을 누설했음을 잘 알고 있다. 지금까지 경험으로 보면 그가 잠든 사이에 자기 머리가 깎였을 것이라 충분히 예상할 수 있었다.

그러나 삼손은 전혀 죄의식이나 분노가 없다. '무릎 위에서'라는 표현은 창세기 30장 3절에서 라헬이 그의 여종을 통해서 대신 아기를 낳을 때 취했던 행위이다. 삼손은 머리털이 잘린 이후에 새로 태어났다고 볼 수 있다. 머리털이 잘린 이후의 그의 행동은 마치 어린 아기와도 같다. 그는 머리털이 없다. 그는 약하다. 말이 없다. 한 여자의 무릎 위에서 편안히 쉬고 있다. 그는 아기처럼 순수하다. He is innocent!

들릴라는 삼손을 배신하지 않았다. 그녀는 삼손이 다시 태어나도록 도와주었다. 삼손에게서 하나님이나 부모는 그 자아의 일부였다. 이런 밀접한 연관으로부터 삼손은 끊임없이 벗어나기를 원했으며, 삼손이 집을 떠나 여성의 품에서 방황했던 이유이다. 들릴라는 삼손이 상징적 질서에 접근할 수 있도록 도운 타자the Other에 해당한다.

상징적 질서symbolic order, 혹은 삼자적 관계와 상상적 질서imaginary order, 혹은 이자적 관계는 구조주의 정신의학자 라깡Jacques Lacan의 이론에서 나온 것이다. 어머니나 거울 속에 비친 자기 모습을 보면서 자기를 발견하는 단계가 바로 상상적 질서이다. 거울 속의 영상처럼 자기 자신 이외에 다른 것을 보지 못하는 나르시즘narcissism, 자기애의 단계이다. 사람이 제대로 사회생활을 하기 위해서는 이 이자적 관계가 극복되지 않으면 안 된다. 이 이자적 관계에 타인이 들어옴으로써 삼자적 관계 혹은 상징적 질서가 만들어진다. 현실 세계는 언어 상징이나 사회적 관계로 이루어진 상징계이다. 라깡은 이 상징적 질서로 거듭나는 것을 '재탄생'이라 말한다. 들릴라는 삼손의 타자가 되어, 삼손의 억압된 무의식을 의식의 단계로 끌어올려 융합할 수 있도록 도운 것이다.

그렇지만 삼손의 재탄생은 현상적으로 감옥에 갇힘, 힘을 잃음, 눈멀음으로 나타난다. 그는 좁은 공간에 갇혀 빙빙 돌고 있다. "블레셋 사람들이 그를 붙잡아 그의 눈을 빼고, 끌고 가사에 내려가 놋줄로 매고, 그에게 옥에서 맷돌을 돌리게 하였더라."16:21. 삼손은 마치 자궁 속에 있는 태아의 모습과 같다. 삼손은 자신만의 공간에서 편안하게 있다. 그러나 삼손의 머리털이 자라면서 이제 다시 그의 힘도 회복되기 시작한다. 그는 비로소 진정한 힘을 갖게 되었다.

삼손의 완전한 탄생은 그의 죽음으로 완성된다. 그는 지금 궁전의 두 기둥 사이에 서 있다. "그들이 삼손을 두 기둥 사이에 세웠더니"16:25. 두 기둥은 이제 막 태어나려는 신생아에게는 어머니의 두 넓적다리에 해당한다. 삼손은 자신의 힘으로 작고 숨이 막힐 지경인 두 다리를 밀어붙인다. 새로 돋은 삼손의 힘으로 인해 두 기둥은 무너진다. 삼손은 출생 외상을 스스로 극복한 것이다.

삼손은 자신의 근원을 무너뜨렸을 뿐만 아니라, 더 이상 그런 근원을 원하지도, 필요하지도 않게 만들었다. 이방 여자를 찾아 떠났던 오랜 여행을 마치고 삼손은 그의 혈족들이 있는 고향으로 돌아간다. 그는 비로소 할례받은 자의 땅에서 부정함 없이, 욕정의 유혹 없이 안식하게 되었다. 미크 발은 "남성적 원리인 하나님과의 계약이 마침내 실현되었다."라는 결론을 내린다. 삼손은 왜곡된 남성성의 한계를 인식하고, 그것을 극복하였다는 점에서 진정한 영웅이었다.

성경은 수많은 비밀의 방을 가진 왕궁처럼 적절한 열쇠를 사용하면 우리에게 다양한 메시지를 선물한다.

루벤스, 《삼손과 들릴라》, 1610

　　　　　　　　　　룻기, 환대와 연대의 이야기

¹ 보아스는 성문으로 올라가서 거기에 앉아 있었다. 마침 그가 말했던 더 가까운 고엘이 지나가자 보아스가 "아무개여, 이름이 없음 잠깐 돌이켜 여기에 앉으시게." 하고 권하니, 그가 가던 길을 돌이켜 앉았다. ² 보아스가 그 도시의 장로 열 명을 청하여 "여기에 앉으라." 하니 그들 또한 앉았다. ³ 보아스가 더 가까운 고엘을 향해 말했다. "모압 땅에서 돌아온 나오미가 우리 형제 엘리멜렉이 소유했던 땅의 부분을 팔려고 한다. ⁴ 그래서 나는 그것을 너에게 말해야 한다고 생각했다. 여기 앉아 있는 사람들과 백성의 장로들 앞에서 그것을 매입하겠다고 말하라. 네가 기업 무르기를 할 의향이 있다면 하라. 그렇지 않겠다면 나에게 말하라. 너 외에 기업 무를 자가 없고, 그 다음은 나다." 그러자 그 사람이 "내가 기업을 무르겠습니다." 하고 대답했다. ⁵ 이어서 보아스가 말했다. "네가 나오미의 손에서 그 땅을 사는 날에 너는 죽은 자의 미망인인 모압 여인 룻을 취하여서, 죽은 자의 이름이 그의 소유 위에 살아 있도록 해야 한다." ⁶ 그러자 그 기업 무를 자가 말했다. "나는 기업 무르기를 포기하겠습니다. 내 소유에 손해가 날 것 같기 때문입니다. 내 기업 무를 권리를 당신이 취하십시오. 나는 기업 무르기를 할 수 없습니다." ⁷ 옛적 이스라엘에는 기업 무르기와 땅의 교환과 관련하여 문제가 생겼을 때 이를 확정하는 관례가 있었다. 당사자가 그의 신발을 벗어서 이웃에게 주는 것이 이스라엘에서 입증의 한 방식이 되었다. ⁸ 이 전례에 따라 그 기업 무를 자가 보아스에게 "당신이 사십시오." 하고는 자신의 신발을 벗었다. ⁹ 이에 보아스가 장로들과 모든 백성에게 말하였다. "내가 오늘 나오미의 손에서 엘리멜렉의 모든 소유와 기룐과 말론의 모든 소유를 산 일에 대해서 당신들이 증인입니다. ¹⁰ 또한 말론의 미망인인 모압 여인 룻을 취하여 나의 아내로 삼아, 죽은 자의 이름을 그의 소유 위에 다시 살려서, 죽은 자의 이름이 그의 형제들과 그가 태어난 성읍의 문에서 끊어지지 않도록 할 것입니다. 오늘 이 모든 일에 당신들이 증인입니다."

7

고엘, 기업 무를 자

가족이란 무엇인가?

명절이 되면 흩어졌던 가족들이 함께 모입니다. 요즘은 명절 연휴에 맞춰 해외여행을 가기도 하지만, 미리 고향집을 방문하든지, 못 가면 어떻게든 그 이유를 해명해야 합니다. 인류의 최소 구성단위는 가족이고, 한국 사회에서는 그 무게가 더 무겁습니다. 한국 사회의 불평등이 심해지고, 청년층 실업률이 높아도 폭동으로 가지 않는 이유는 가족이 그 위험을 다 흡수하기 때문입니다. 주거비용이나 경제적 손실을 가족이 대신 감당해 줍니다. 그래서 머리 좋은 것보다는 어느 집에서 태어났느냐가 더 중요합니다. 외국 영화나 외국 사례를 보아도 재난이나 국가적 위기를 오롯이 견딜 수 있게 하는 힘은 가족과 그들 간의 사랑에서 나옵니다.

좋은 점도 있지만, 문제는 너무 깊숙이 엮이고 연루되다 보니 스트레스가 심하다는 점입니다. 정신적 심리적 문제나, 행복과 불행이 대부분 가족관계에서 비롯됩니다. 예전에는 시댁살이가 힘들어 며느리가 시금치의 '시' 자도 듣기 싫어했다고 했을 정도입니다. 여러 애증과 애환으로 엮이다 보니 가족들이 모인 명절에는 다툼이 잦습니다. 그럴지라도 여전히 가족은 든든한 보루, 견고한 성채와 같습니다.

본문 말씀의 주제가 가족입니다. 핵가족이 아니라 직계 혈족과 친척이 포함된 공동체 이야기입니다. 이스라엘은 한 민족국가이고, 그 아래 열두 지파가 있습니다. 또 지파 아래로는 '족속'이라 불리는 큰 가문과, '가족'이라 불리는 작은 가문이 있습니다. 가족 공동체는 서로를 보호하고 서로를 지원해 주어야 합니다. 그 보호 제도 중 하나가 본문에 언급된 '고엘', 곧 '기업 무를 자'입니다. 이 단어는 룻기 전체에서 가장 많이 반복되는 법률적 용어입니다.

한글 성경은 고엘을 '기업 무를 자'라 번역하지만, 영어 성경은 'redeemer', 곧 '구속자'라 부릅니다. '무르다.'라는 단어는 "사거나 바꾼 물건을 원래 임자에게 도로 주고 돈이나 물건을 되찾다. 또는 이미 행한 일을 그 전의 상태로 돌리다."라는 의미가 있습니다. redeemer는 '저당 잡힌 것을 도로 찾는 사람'을 뜻합니다. 원래는 땅과 관련되어 이 용어가 사용되었습니다.

     룻기, 환대와 연대의 이야기

이스라엘은 가나안 땅에 진입한 후 하나님으로부터 땅을 불하받았습니다. 이는 제비뽑기 형식으로 결정되었습니다. 지파별로 가나안 땅의 위치가 결정되고, 또 족속과 가문, 가족별로 땅이 분배되었습니다. 이렇게 분배받은 땅을 기업, 곧 '나할라'라고 부릅니다. 이스라엘 신앙은 이 나할라 신앙입니다. 분배받은 땅을 지키는 것이 사명이고, 여기서 나는 열매로 편안히 먹고사는 것이 이스라엘이 꿈꾸던 인생의 샬롬평화, 온전함이었습니다.

그러나 살다 보면 어려운 일이 발생하고, 땅을 팔아야 할 경우가 생깁니다. 그 땅을 팔려 할 때 바로 이 고엘 제도가 작동합니다. 제일 먼저 이 땅을 살 권리나, 또 잃은 땅을 찾을 권리가 가장 가까운 친척에게 있습니다. 레위기 25장 25절입니다. "만일 네 형제가 가난하여 그의 기업 중에서 얼마를 팔았으면, 그에게 가까운 기업 무를 자가 와서 그의 형제가 판 것을 무를 것이요." 근본적으로 가문의 땅이 다른 사람에게 넘어가지 않게 하려는 조치입니다. 또 이 과정을 통해서 가난한 친척이 도움을 입습니다.

본문의 사건은 이 고엘 제도를 배경으로 합니다. 나오미에게 땅이 있었다고 합니다. 땅이라고 해보았자 공동 소유이거나, 별 쓸모가 없는 그런 땅이었을 것입니다. 그렇지 않았다면 나오미가 지금처럼 가난하게 살았을 리가 없습니다. 이 땅 무르기를 해야 할 가장 가까운 친척은 보아스가 아니라 오늘 성경에서 '아무개'unnamed라 불리는 사람입니다. 성경 원문에도 '아무개'펠로니 알모니라 부릅니다. 왜 이름이 없을까요? 프라이버시를 존중해서? 아닙니다. 이 사람은 가문에서 지워진 사람입니다. 가족의 의무, 형제의 의무를 다하지 않았기 때문입니다.

현대 사회에서는 가족의 한계가 어디까지인가는 좀 따져봐야 합니다. 부모 자녀로 구성된 핵가족인가, 아니면 형제나 사촌까지 확대되어야 하는지 말입니다. 그렇지만 어찌 되었든 가족은 함께해야 합니다. 어려운 구성원을 서로 도와야 할 의무가 있습니다. 국가도 '집 가家' 자를 쓰기에 확대 가족에 해당합니다. 국가는 불평등 상태를 방치해서는 안 됩니다. 약자와 소외된 계층을 보호하고 돌보는 일이 가장 중요한 국가의 책무입니다. 부유한 자나 엘리트 또한 국가라는 공동체의 가난한 지체를 돌봐야 할 의무가 있습니다. 외면한다면 하늘 나라의 생명책에서 그 이름이 지워질 것입니다.

신발 벗긴 자

룻기가 복잡해진 이유는 고엘이 땅 문제로만 그치지 않는다는 점입니다. 고엘의 연장선상에 있는 것이 형사취수법입니다. 가족 중 형제가 자녀 없이 죽으면, 다른 형제의 아내를 취하여 자녀

　　　　　　　　　　　　　룻기, 환대와 연대의 이야기

를 낳게 하는 제도입니다. 룻기는 고엘법과 형사취수법이 결합되어 사건이 전개됩니다. 형사취수법이 형제 간에서 친척까지 확대됩니다.

나오미의 가까운 친척인 아무개 씨가 고엘을 거부한 이유가 바로 씨를 남겨야 한다는 의무 때문입니다. 친척의 땅은 자신이 소유해서 사용할 수 있습니다. 그러나 씨를 남기는 것은 이 때문에 자기 재산상의 손해를 가져올 수 있습니다. 그래서 친척 아무개 씨는 고엘의 의무와 권리를 포기합니다. 이처럼 형제의 의무를 게을리하면 이 사람의 신발을 강제로 벗기고, 침 뱉음을 당하는 모욕에 처합니다.

신명기 25장 9절이 이 풍습을 잘 성명하고 있습니다. "그의 형제의 아내가 장로들 앞에서 그에게 나아가서 그의 발에서 신을 벗기고, 그의 얼굴에 침을 뱉으며 이르기를, 그의 형제의 집을 세우기를 즐겨 아니하는 자에게는 이같이 할 것이라 하고, 이스라엘 중에서 그의 이름을 신 벗김 받은 자의 집이라 부를 것이니라."

본문에서는 아무개 씨가 스스로 신을 벗었지만, 실제로는 해당 형제의 아내가 강제로 신을 벗기고 침까지 뱉습니다. 이를 통해 가족 의무의 무서움과 이를 거부했을 때의 부끄러움을 보여주는 의식입니다. 아무개 씨가 이 의무를 포기하는 바람에 보아스에게 다음 우선권이 돌아갔습니다. 보아스의 치밀한 계획이 그대로 성사되었습니다. 이런 배경에서 나중에 룻이 아들을 낳았기에, 사람들은 이를 "나오미에게 아들이 태어났다."4:17라고 말합니다. 나오미의 죽은 아들들을 대신하는 아들입니다.

보아스는 일이 이렇게 흘러갈 줄 알았나요? 우리야 결말을 알기에 당연한 것처럼 생각하지만, 실제 일의 결과는 누구도 예상하기 어렵습니다. 그래도 상관없습니다. 보아스는 이 방법이 막히면 다른 길을 찾았을 것입니다. 이것이 사랑입니다. 믿음의 힘이기도 합니다. 하나님이 이 일을 이루어주실 것이라는 믿음입니다.

《논어》 '자한편'의 공자의 말은 사랑이란 무엇인지 잘 설명합니다. 공자가 "아름다운 자두꽃이 봄바람에 휘날리는구나. 어찌 그대를 그리워하지 않겠냐만 그대의 집이 멀고도 멀구나."라는 시를 읽고는 이렇게 평했다고 합니다. "진실로 그리워하지 않는 것이니, 그렇지 않다면 가지 못할 먼 곳이 어디 있겠는가?" 문제는 그만큼 사랑하지 않는다는 뜻입니다. 사랑하면 어떻게든 갈 방법을 찾기에 거리가 문제 되지 않는다는 뜻입니다.

보아스는 어떻게든 수를 내었을 것입니다. 그러니 이 일은 성사될 수밖에 없습니다. 달리 여기서 우리는 하나님의 생각, 하나님의 기가 막힌 계획이었다는 찬양을 할 수도 있습니다. 인간이 계획을 세울지라도 그것을 성취하는 분은 하나님입니다. 아무리 기발한 계획도 하나님이 결재하지 않으면 성취될 수 없습니다. 우리는 최선을 다하고 하나님의 뜻을 기다립니다.

　　　　　　　　　　　　　룻기, 환대와 연대의 이야기

피의 복수자

고엘 제도는 복수 의무에도 활용됩니다. 가족이 억울한 죽임을 당하면 가족이나 친척은 그 복수를 해야 합니다. 이 제도에 관한 설명이 민수기에 있습니다. "부지중에 실수로 사람을 죽인 자를 그리로 도망하게 하라. 이는 너희를 위해 피의 보복자^{고엘}를 피할 곳이니라."^{민수기 20:3} 이스라엘에는 도피성이라는 곳이 있습니다. 계획된 살인이 아닌 우발적으로 다른 사람을 죽인 경우는 도피성으로 피할 수 있습니다. 도피성 안으로는 피의 보복자, 곧 고엘도 들어와 죽일 수 없습니다.

현대 중동 지방의 정세가 복잡한 이유도 이 고엘 제도가 한 몫합니다. 이스라엘이 팔레스타인을 죽이면, 팔레스타인 가족들은 이에 대한 복수 의무가 발생합니다. 그러므로 팔레스타인 민족 전부를 제거하기 전까지 이 싸움은 그치지 않을 것입니다. 지금은 많이 약화되었지만, 팔레스타인과 형제인 중동 국가들 또한 형제 국가를 도울 의무가 있습니다. 이스라엘이 진정한 평화를 원한다면 무모한 점령 정책을 포기하고, 팔레스타인들과 평화롭게 공존하는 법을 모색해야 할 것입니다. 인간의 불행은 항상 온건한 정책을 타협으로 간주하고, 극단적 주장을 따르려는 경향이 강하다는 점입니다. 전쟁은 누구에게도 도움이 되지 않습니다. 소중한 생명과 평화를 버리고 얻은 것은 고작 얼마 안 되는 땅과 성지탈환이라는 명분뿐입니다.

이 복수의 고엘이 선한 방향으로 작용한 것이 바로 그리스도의 십자가입니다. 그리스도는 우리의 형제이며, 하나님은 우리 아버지입니다. 우리는 죄에 팔려 포로된 상태에 있습니다. 형제인 예수님이 십자가에서 값을 지불하고, 우리를 구속, 곧 해방하셨습니다. 내 죄를 타인인 그리스도가 대신 값을 치른 것은, 그분이 우리의 합법적 고엘이기 때문입니다.

그리스도는 우리와 함께하며, 친히 우리를 위해서 싸웁니다. 그리스도의 형제를 괴롭게 하는 것은 하나님을 괴롭게 하는 것과 같습니다. 우리를 해치려 한다면 즉각 고엘의 복수 의무가 작동하여 하나님은 우리를 대신하여 싸웁니다. 그러므로 우리는 승리자입니다. 세상에 누가 하나님을 이길 수 있겠습니까?

　룻기, 환대와 연대의 이야기

렘브란트의 아브라함과 이삭 이야기

창세기 22장에서 아브라함이 이삭을 번제물로 바치려 했던 장면은 매우 충격적이다. 모리아 산에서 아브라함은 하나님의 명령에 따라 군말 없이 아들 이삭을 번제물로 잡으려 했다. 성경은 연속된 동사로 아브라함의 결연한 행동을 담담하게 서술한다. "거기에 제단을 쌓았다. 나무를 벌려 놓았다. 아들 이삭을 결박했다. 그를 제단 나무 위에 놓았다. 손을 내밀었다. 칼을 잡고 그의 아들을 죽이려 하였다."창세기 22:9-10 때마침 하나님의 사자가 나타나 이를 제지하여 이삭은 살아나고, 아브라함은 시험을 통과한다.

아무리 신앙의 시험이었다지만 자식을 바치려는 끔찍한 행위이다. 그때 아들 이삭의 마음은 어떠했을까? 이런 모순과 기괴성 때문에 이 장면은 실존주의 철학의 주요 모티프가 되었다. 뿐만 아니라 많은 사람의 상상력을 자극하여 다양한 해석들을 내놓게 하였다. 성경을 소재로 많은 그림을 그렸던 렘브란트 또한 마찬가지였다. 렘브란트는 '이삭의 희생'을 다양하게 해석한 여러 작품을 남겼다. 이는 독일의 구약학자 폰 라트Gerhard von Rad의 책,《아브라함의 제사》에서 통찰력 있게 분석된 바 있다. 다음은 폰 라트가 언급했던 렘브란트의 작품들을 좇아가며 창세기 22장의 사건을 보는 시각의 다양성을 조명하였다.

렘브란트, 《이삭의 희생》, 1635

렘브란트는 이 장면을 근 30년에 걸쳐 네 개의 작품으로 완
성했는데, 매번 그 감동의 깊이나 바라보는 시각이 달랐다. 첫 번
째 작품은 렘브란트의 대표작으로, 1635년, 그의 나이 30세에 그
렸다. 유화인데 하나님의 말씀에 그대로 순종하려는 아브라함의

롯기, 환대와 연대의 이야기

단호함이 돋보인다. 이삭은 꼼짝없이 뒤로 묶여 있고, 아브라함은 거대한 손으로 그의 입과 턱을 틀어막고 있다. 젖혀진 목 위에 칼을 내려치려는 순간, 천사가 그 손을 붙잡으면서 칼을 놓치고 만다. 칼은 그 다급함을 보여주듯 공중에 뜬 채로 있다. 재미있는 것은 아브라함의 표정인데 아브라함은 자신의 행위를 말리는 천사를 의아하다는 듯이 쳐다보고 있다. 여기서 묘사되는 아브라함의 모습은 믿음의 사람 그 자체이며, 일말의 고민도 없이 하나님의 말씀에 순종하려는 단호함이다.

두 번째 작품은 그로부터 10년 후인 1645년 동판화로, 40세 되던 해 만든 것이다. 여기서는 아브라함과 이삭이 서로 마주 대하고 서 있다. 아브라함의 한 손가락이 하늘을 향하고, 다른 한 손은 가슴에 대고 있는 것을 볼 때, '나는 너를 사랑하지만, 하나님의 뜻을 어쩔 수 없다.' 하며 설명하는 것 같다. 재미있는 것은 이삭의 표정이다. 번제용 나무를 안고 있는 표정이 어둡고 당황한 모습이다. 배경으로 어두운 구름이 있고, 바로 뒤는 경사진 비탈이다. 불안해하는 이삭의 심리를 잘 보여준다.

키르케고르S. Kierkegaard의 《공포와 전율》에서는 이 사건 이후 이삭에게 일어난 변화를 다음과 같이 서술한다. "이삭은 이미 믿음을 잃었다. 다시는 이 일에 대해 말하지 않았다. 이삭은 아무에게도 자신이 겪었던 것을 말하지 않았다." 두 번째 작품은 미안해

하며 아들을 설득하려는 아버지의 마음과, 당황하는 이삭의 마음
상태를 잘 표현하고 있다. 신앙적인 면에서, 보다 인간적인 모습으
로 이동한 그림이다.

렘브란트, 《아브라함과 이삭》, 1645

　세 번째 작품은 그로부터 10년 후인 1655년, 렘브란트 50
세 되던 해의 동판화이다. 이 작품에서는 이삭의 순종이 눈에 들어
온다. 이삭은 결박되지 않았으며 무릎을 꿇고 아버지의 결정에 순
종한다. 아브라함은 이삭의 눈을 살며시 가린 채, 칼로 그를 찌르

　　　　　　　　　　　　　룻기, 환대와 연대의 이야기

려고 하는데, 칼을 든 손이 이상하게도 왼손이다. 아브라함은 늙고 무력하며, 그 뒤를 천사가 두 손으로 감싸며 아브라함을 말리고 있다. 이삭의 순종, 무력하지만 역시 순종하려는 아브라함, 그리고 천사의 부드러운 중재, 이 모든 장면이 이전 것들보다 갈등 없이 처리되었다.

렘브란트, 《이삭의 희생》, 1655

네 번째 작품은 1654년 또는 1655년경의 소묘이다. 번제단이 작아 보일 정도로 이삭은 무릎을 접고 목은 뒤로 젖힌 채 누워 있다. 아브라함은 대머리에 구부정한 자세로 뒷모습만 보이는데 더 나이 들었고 더 무력해 보인다. 희미한 형태의 천사가 위에서 아브라함의 머리에 안수하지만, 아브라함은 모르는 듯 자기 일에 만 열중한다.

렘브란트, 《이삭의 희생》, 1654

단숨에 그린 듯한 소묘라서 그런지 모든 것이 희미하고 불투 명하다. 이 소묘가 완성작이라면 여기에는 아브라함의 무력함과, 인생과 신앙의 불투명함이 잘 표현되었다. 나이가 들면서 이제는

　　　　　　　　　　　　　룻기, 환대와 연대의 이야기

모든 것이 불투명해졌다. 젊었을 때는 모든 것이 뚜렷했는데 이제는 모든 것이 흐릿하다. 그러나 퇴보가 아니라 겸손함이며, 망각이 아니라 세상 또는 하나님과의 화해가 담겼다.

나이나 신앙 연륜에 따라 선호하는 렘브란트의 작품이 달라진다. 아브라함의 순종적 신앙에 감동받은 사람은 1635년 첫 작품을 선호할 것이다. 이삭의 입장에 좀 더 주목하고, 또 아브라함의 고민과 갈등을 중요하게 보는 사람들은 1645년의 작품이 더 마음에 들 것이다. 아브라함과 이삭 둘 모두의 순종에 주목하는 사람들은 1655년 세 번째 작품을 좋아할 것이다. 오랜 신앙 연륜과 인생 경험에서 '분명한 것은 아무것도 없다.'라는 지혜를 얻은 사람은 마지막 네 번째 작품에 마음이 끌릴 것이다.

성경 이야기의 위대함은 연륜에 따라 다양한 해석의 여지를 준다는 점이다. 한 방향으로만 읽기를 강요하는 것은 위험하고, 신앙 발전이 없다는 증거일 수 있다.

10 "또한 말론의 미망인인 모압 여인 룻을 취하여 나의 아내로 삼아, 죽은 자의 이름을 그의 소유 위에 다시 살려서, 죽은 자의 이름이 그의 형제들과 그가 태어난 성읍의 문에서 끊어지지 않도록 할 것입니다. 오늘 이 모든 일에 당신들이 증인입니다." 11 성문에 있던 모든 백성들과 장로들이 말하였다. "우리들이 증인이다. 하나님이 네 집으로 들어오는 그 여인을 이스라엘 집을 세웠던 라헬과 레아처럼 되게 하시길! 네가 에브랏에서 부요하고, 베들레헴에서 유명해지기를! 12 하나님이 이 젊은 여인으로 말미암아 너에게 자녀를 주시고, 너의 집이 다말이 유다에게 낳아준 베레스의 집과 같이 되기를!" 13 보아스는 룻을 취하였고, 룻은 그의 아내가 되었다. 보아스가 룻에게 들어갔을 때 하나님은 룻이 임신하도록 하셨고, 룻은 아들을 낳았다. 14 그때 여인들이 나오미를 향해 말했다. "오늘 나오미를 위해 고엘이 끊어지지 않게 하신 하나님을 찬송할지라. 그 아이 또는 고엘의 이름이 이스라엘에서 유명해지기를! 이 아이는 너의 생명을 회복시켜 줄 것이고, 네 노년에 봉양자가 될 것이라. 너를 사랑하는 네 며느리, 일곱 아들보다 더 귀한 며느리가 낳은 아들이로다." 16 나오미가 아기를 받아서 그 품에 품었으니, 그의 양육자가 되었다. 17 이웃 여인들이 "나오미에게 아들이 태어났다."라고 하며 아기의 이름을 지었는데, 그 이름은 오벳 섬기다이었다. 오벳은 다윗의 아버지인 이새의 아버지이다. 18 베레스의 가계는 이러하니, 베레스는 헤스론을 낳고, 19 헤스론은 람을 낳고, 람은 아미나답을 낳고, 20 암미나답은 나손을 낳고, 나손은 살몬을 낳고, 21 살몬은 보아스를 낳고, 보아스는 오벳을 낳고, 22 오벳은 이새를 낳고, 이새는 다윗을 낳았다.

룻의 해피엔딩

나오미의 회복

'룻과 보아스는 결혼하여 행복하게 살았더라.' 고전에서 보는 상투적인 결말입니다. 요즘 우리 TV 드라마들이 그렇습니다. 비극적인 것을 싫어합니다. 사랑이 맺어지고, 꿈을 이루고, 원수를 향한 복수가 성취되는 결말을 좋아합니다. 우리 뇌는 행복한 것을 좋아합니다. 인간의 믿음이나 희망은 결국 성취됩니다. 그렇게 될 것이고, 안 되면 그렇게 되도록 상상하고, 결국 만들어내기까지 합니다.

천국도 죽음이라는 불행을 견딜 수 없어 탄생했습니다. 구약 성서를 샅샅이 훑어보아도 천국이란 실체가 분명하지 않습니다. 음부, 곧 '스올'은 언급되지만, 이곳은 '지옥'과 같은 곳이 아니라,

그냥 죽은 자의 그림자가 잠을 자는 곳에 불과합니다. 악인과 원수가 지상에서 심판을 당하지 않고, 또 의인이 이 땅에서 불운한 삶을 사는 부정의 문제를^{신정론} 해소하려는 방편으로, 말라기 이후 묵시문학 시대에 천국과 지옥이 비로소 우리에게 계시 되었습니다. 행복을 바라는 인간의 소망과 부르짖음이 천국을 강요한 것과 같습니다.

지금 가장 해피엔딩을 맞은 사람은 나오미입니다. 나오미는 남편을 잃고, 두 자녀를 잃었습니다. 인생의 실패자가 되어 고향으로 돌아왔습니다. 여호와께서 자기를 쳤다고 하며 자기 이름을 나오미, 곧 '달콤함'이라 부르지 말고, 마라 곧 '괴로움, 씀'이라 부르라 했습니다. 그랬던 인생이 지금 완전히 역전되었습니다. 나오미에게 아들이 주어졌습니다. "나오미가 아기를 받아 품에 품고 그의 양육자가 되니."[16절] "이웃 여인들이 그에게 이름을 지어 주되 나오미에게 아들이 태어났다 하여 그의 이름을 오벳이라 하였다."[17절]

이 아이는 보아스의 아들이든지, 아니면 죽은 아들 말론의 아들로 불러야 하지만, 오히려 나오미의 아들이 되었습니다. 형사 취수법에 의해서 태어났으니, 보아스가 씨를 주어 낳은 말론의 아들이 맞습니다. 그러나 성경이나 마을 사람들은 나오미의 아들이라 부릅니다. 이 문제를 해결하기 위해 유대 미드라쉬는 보아스의

   룻기, 환대와 연대의 이야기

이때 나이가 80세였다고 말합니다. 보아스는 결혼식을 치르고 첫 날 밤을 지낸 후 바로 죽었고,룻 주타 4,13 이 때문에 나오미가 자기 아들처럼 길렀다면서 그 이유를 설명합니다. 이런 해석은 보아스를 정결한 자손을 얻기 위한 소모품으로 취급하며, '보아스가 오벳을 낳았다.'4:21라는 식의 남성 위주의 가부장적 족보를 유지하기 위한 설명입니다.

성경은 이 아들은 나오미의 아들이고, 하나님이 나오미에게 주셨음을 분명히 합니다. 14절과 15절 말씀입니다. "여인들이 나오미에게 이르되 찬송할지로다. 여호와께서 오늘 네게 기업 무를 자가 없게 하지 아니하셨도다. 이 아이의 이름이 이스라엘 중에 유명하게 되기를 원하노라. 이는 네 생명의 회복자이며, 네 노년의 봉양자라. 곧 너를 사랑하며 일곱 아들보다 귀한 네 며느리가 낳은 자로다."

여기 기업 무를 자는 아들 오벳을 말합니다. 나오미의 고엘이 되었다는 표현입니다. 이어서 '네 생명의 회복자다.' '네 노년의 봉양자다.'라고 말합니다. 죽어가던 나오미의 생명을 다시 살린 자입니다. 99세의 아브라함에게 이삭이 선물로 주어지듯, 희망의 탄생입니다. 늙어서 힘이 없는데 이제는 오벳이 아들처럼 나오미 곁에서 봉양합니다. 오벳의 이름의 뜻이 '섬기다'인데, 오벳은 나오미를 섬기는 자로 부름을 받았습니다. 아름다운 노년의 축복입니다. 성서는 구원사보다는 나오미의 회복에 더 관심이 있습니다. 오벳은 나오미와 룻이 투쟁 끝에 쟁취한 인생의 선물입니다.

그런데 정말 나오미에게 고엘은 누구였습니까? 나오미에게 고엘은 다름 아닌 룻이었습니다. 룻이 이런 행복을 가능하게 만들었습니다. 이런 사실을 잘 알기에 마을 사람들은 룻에 대해 "너를 사랑하며, 일곱 아들보다 귀한 네 며느리"라고 부릅니다. 일곱 아들보다 귀하다는 말은 대단한 칭찬입니다. 룻과 보아스의 관계를 서술할 때 '사랑'이라는 단어가 전혀 사용되지 않았는데, 룻과 나오미의 관계에서는 히브리어 '아하브', 곧 '사랑한다.'라는 단어를 사용합니다. 나오미와 룻의 관계는 시어머니와 며느리 이상입니다. 룻과 나오미는 서로에게 헤세드를 베풀었습니다. 나오미의 고엘은 룻이었습니다.

이방 여인의 투쟁

룻기는 행복을 찾아가는 여행입니다. 모두가 응원합니다. 룻은 전형적인 소수자입니다. 여자입니다. 과부입니다. 게다가 이방인입니다. 이런 룻이 유다 정통인 보아스와 결혼하여 다윗 왕가의 조상이 됩니다. 룻기를 읽던 유대인들에게 제일 걸리는 것이 무엇일까요? 여자? 과부? 아마 모압 여인, 곧 이방 민족이라는 사실일 것입니다. 유대 사회에 가난한 자도 많고, 이들의 성공 스토리라

룻기, 환대와 연대의 이야기

면 모두에게 감동을 주었을 것입니다. 그런데 하필 왜 이방 여인입니까? 그것도 자신들이 자랑하는 다윗 왕조의 선조가 되었습니다. 그렇다면 룻기의 목적은 여기에 있습니다. 배타적 유대 민족주의에 대한 배격입니다. 요나서와 마찬가지로, 이방인 포용이 룻기의 의도입니다.

11절의 축복은 의미심장합니다. "여호와께서 네 집에 들어가는 여인으로 이스라엘의 집을 세운 라헬과 레아 두 사람과 같게 하시고." '네 집에 들어가는 여인'은, 곧 룻을 말합니다. 라헬과 레아는 이스라엘 열두 지파를 낳은 어머니들입니다. 그런데 룻이 라헬과 레아와 같은 반열로 축복을 받습니다. 이방인이 이스라엘의 정통 본류로 합류합니다.

사도 바울은 로마서에서 "아브라함은 우리 모든 사람의 조상이라. 기록된 바 내가 너를 많은 민족의 조상으로 세웠다 하심과 같으니."로마서 4:16-17라고 말씀한 바 있습니다. 핏줄을 넘어 믿음의 끈으로 아브라함의 씨와 연결되는 놀라운 말씀입니다. 구약에서 이 믿음의 능력을 실현한 여인이 바로 룻입니다. 주변부 소수자가 주류가 되었습니다. 룻이 이스라엘에 합류하듯, 예수를 믿는 이방인들은 온 이스라엘로 합류합니다.

이것이 룻과 나오미의 투쟁의 의미입니다. 룻기는 유대 가부장제에 눌렸던 여성과 이방인 간의 연대라 할 수 있습니다. 약자들은 서로 연대해야 싸움에서 승리할 수 있습니다.

12절의 축복 또한 그렇습니다. "이 젊은 여자로 말미암아 네게 상속자를 주사, 네 집이 다말이 유다에게 낳아준 베레스의 집과 같게 하시기를 원하노라." 다말은 꾀를 내어 형사취수법을 시행하지 않는 시아버지와 동침함으로써 베레스를 낳았습니다. 유다의 아들 베레스 가문은 베들레헴에 기반을 둔 명문 가문입니다. 느헤미야는 나중에 예루살렘을 지켰던 베레스 가문을 다음과 같이 칭찬한 바 있습니다. "예루살렘에 거주한 베레스 자손은 모두 사백육십팔 명이니, 다 용사였느니라."느헤미야 11:6 다말은 투쟁하여 베레스라는 자녀를 얻었습니다.

마찬가지로 룻은 투쟁으로 오벳을 얻었습니다. 11절과 17절에서 "에브랏에서 유력하고 베들레헴에서 유명하게 하시기를!" "이 아이의 이름이 이스라엘 중에 유명하게 되기를!" 하고 축복하는 그 '유명한 자'가 누구입니까? 바로 다윗입니다. 유다 왕조는 다윗으로부터 시작되었습니다. 결국 룻의 투쟁은 하나님의 구원사를 이어가는 중요한 한 매듭이었습니다. 그런 점에서 먹고 살기 위한, 또 미래의 안전을 위한 우리의 생활투쟁은 신성합니다.

창세기를 보십시오. 아브라함 이야기가 12장부터 22장 너머까지 길게 이어지는데 그 핵심에 무엇이 있습니까? 이삭이라는 한 생명을 얻기 위한 분투, 단 하나입니다. 이것이 창세기 언약사의

룻기, 환대와 연대의 이야기

전부입니다. 그러므로 우리가 살면서 자녀를 낳고 기르거나, 아등바등 먹고살기 위해 분투하거나, 삶에서 누군가에게 친절을 베풀었다면 그것으로 우리는 하나님의 뜻과 사명을 충분히 이루었다 할 것입니다.

다윗의 족보

18절 이하에는 다윗 조상의 족보가 열거됩니다. "베레스의 계보는 이러하니라. 베레스는 헤스론을 낳고, 헤스론은 람을 낳았고, 람은 암미나답을 낳았고, 암미나답은 나손을 낳았고, 나손은 살몬을 낳았고, 살몬은 보아스를 낳았고, 보아스는 오벳을 낳았고, 오벳은 이새를 낳고, 이새는 다윗을 낳았더라." 유대인들이 자랑스럽게 여기는 유다 가문의 족보입니다.

이것이 정통 족보입니까? 아닙니다. 영원한 하늘 나라의 족보가 따로 있습니다. 마태복음 1장에 실려 있습니다. "유다는 다말에게서 베레스를 낳고, 베레스는 헤스론을 낳고, 헤스론은 람을 낳고, 람은 아미나답을 낳고, 아미나답은 나손을 낳고, 나손은 살몬을 낳고, 살몬은 라합에게서 보아스를 낳고, 보아스는 룻에게서 오벳을 낳고, 오벳은 이새를 낳고, 이새는 다윗 왕을 낳으니라."^{마태}

복음 1:3-6

마태복음의 족보에는 룻기의 족보에 언급되지 않은 다말과 라합과 룻이라는 세 이방 여인이 들어가 있습니다. 여리고의 기생 라합이 어떻게 마태복음의 족보에 들어가게 되었는지 그 근거를 찾기는 힘듭니다. 그러나 바로 이것이 하나님의 눈입니다. 가나안 땅을 정복할 때 두 정탐꾼을 숨겨주었던 기생 라합은 인간의 족보에서는 사라졌지만, 하나님은 기억하고 계셨습니다. "무명한 자 같으나 유명한 자요, 죽은 자 같으나 보라 우리가 살아 있고."**고린도후서 6:9** 이름 없이, 빛도 없이 주어진 삶을 충실하게 살았던 자들을 하나님은 기억하고 계십니다.

룻의 투쟁은 해방투쟁이라 부르기에는 초라하고, 고대의 억압과 차별은 강고했습니다. 그러나 이런 끊임없는 투쟁과 탄식과 눈물이 있었기에 인류사는 성차별, 민족차별, 계급차별을 허물고, 해방과 평등의 나라를 향해 전진해 왔습니다. "유대인이나 헬라인이나. 종이나 자유인이나, 남자나 여자나 차별 없이 다 그리스도 예수 안에서 하나이니라."**갈라디아서 3:28, 골로새서 3:11** 위대한 자유선언입니다. 룻의 투쟁은 바다에 돌멩이 하나 던지듯 작았을는지 모르지만, 이런 작은 투쟁들이 쌓여 역사에 거대한 파도를 일으킨 것은 분명합니다.

하나님이 만물의 주님이요, 이스라엘의 왕이라는 고백은 이스라엘 모든 백성이, 더 나아가 모든 인간은 평등하다는 결론에 이

룻기, 환대와 연대의 이야기

릅니다. 성경에는 다윗을 향한 찬양이 많은데, 다윗이 위대한 영웅이기 때문이 아닙니다. 하나님의 구원 역사에서 충실한 사환으로서 자기 역할을 다했기 때문입니다. 이스라엘 역사 기술과 세속사의 기술이 다른 이유가 여기에 있습니다.

고대 사회에서 현대에 이르기까지 왕이나 권력을 가진 자는 영웅시되고 추앙을 받습니다. 우리나라 《용비어천가》를 한 번 보십시오. 세종 때 지어진 이 찬양은 전주 이씨 가문이 매우 위대했음을 자랑하고 미화합니다. "해동 육룡세종의 6대조 조상들이 나르샤 일마다 천복이시니 … 뿌리 깊은 나무는 바람에 아니 뮐세 꽃 좋고 열매가 많으니." 조상을 육룡이라 부르고, 태조 이전의 네 명의 조상을 목조, 익조 등 임금으로 추존합니다. 뿌리 깊은 나무라고 하고, 견고하고 유력한 가문이었다고 합니다.

이에 비해 룻기에서 서술되는 다윗 가문은 초라하고 그다지 아름답지도 않습니다. 거대한 삶의 이념이나 이상이 이끌어간 것도 아닙니다. 단지 먹고살기 위한 투쟁이었습니다. 룻과 나오미 두 여성에게 당한 80세 노인이 다윗의 조상입니다. 숭고하고 아름다운 사랑이 그 배경에 있는 것도 아닙니다. 그런데 아무렇지 않다는 듯이 다윗이라는 위대한 왕조의 조상 이야기로 서술하고, 그것도 성경으로 기록되었습니다.

이스라엘 열두 지파의 탄생도 마찬가지입니다. 각 족속이나 가문의 시조가 탄생하는 장면에서 신화적 요소나 영웅적 모습이

전혀 없습니다. 야곱의 두 부인 레아와 라헬의 사랑 싸움과 아기 낳기 경쟁의 결과일 뿐입니다. 라헬에게 야곱의 사랑을 빼앗긴 레아는 자녀를 낳을 때마다 자녀들 이름에 그 아픔을 담았습니다. 르우벤이 첫째 지파의 시조인데, 그 이름의 탄생 비화를 이렇게 전합니다. "레아가 임신하여 아들을 낳고 그 이름을 르우벤이라 하여 이르되, 여호와께서 나의 괴로움을 돌보셨으니 이제는 내 남편이 나를 사랑하리로다 하였더라."창세기 29:32 둘째는 시므온인데 그 사연은 이렇습니다. "그가 다시 임신하여 아들을 낳고 이르되, 여호와께서 내가 사랑받지 못함을 들으셨으므로 내게 이 아들도 주셨도다 하고, 그의 이름을 시므온이라 하였으며."창세기 29:33 열두 지파 시조의 이름이 다 이런 식으로 지어졌습니다.

이것이 성경의 위대함입니다. 인간 왕이나 권력이 미화되지 않기에 오히려 더 사실적입니다. 하나님만이 왕이기에 인간을 미화할 필요가 없습니다. 때로는 인간의 더럽고 추악한 면을 그대로 노출합니다. 그럴수록 하나님의 헤세드와 그 영광은 더 커집니다. 이렇게 부족한 자들을 위대하게 만든 것은 전적으로 하나님의 은혜임이 드러나기 때문입니다. 우리는 인생을 거짓과 욕망과 무지로 거칠게 다루지만, 위대한 하나님의 손에서 우리는 결국 아름다운 작품으로 빚어질 것입니다. 하나님의 손에서 사소하거나 쓸모없는 것은 없습니다.

   룻기, 환대와 연대의 이야기

라합과 얼치기 정탐꾼 이야기

마태복음 족보는 라합을 보아스의 어머니로 서술한다. "살몬은 라합에게서 보아스를 낳고"**마태복음 1:5** 그러나 구약에서는 이 관계를 유추할 수 없다. 라합은 여리고의 기생이었고, 여호수아가 보낸 두 정탐꾼을 숨겼던 공로로 여리고가 무너질 때 그의 가족만 살아남았다.**여호수아 6:25**

그런데 유대 전설은 흥미로운 정보를 제공한다. 라합은 40년의 부도덕한 삶을 회개하고 경건한 개종자가 되었고, 나중에 여호수아와 결혼하여 8명의 선지자와 여선지자 훌다의 조상이 되었다고 한다.**Legends of the Jews 4,1** 구약 성경에는 두 정탐꾼의 이름이 나오지 않는데, 유대 전설은 그 두 사람이 영웅 갈렙과 제사장 비느하스였다고 한다. 유대인들의 상상력은 참으로 기발하고, 이런 다양한 해석을 허용하는 포용성은 본받을 만하다.

사실 여호수아 2장의 라합 이야기는 없어도 된다. 1장의 요단강 도하 직전의 이스라엘 준비 상황 이후, 3장의 실제 요단강 도하로 이어지는 것이 더 자연스럽다. 2장의 라합 이야기는 사족처

럼 들어갔고, 또 이미 "사흘 안에 너희가 이 요단을 건너 … 여호
와께서 너희에게 주신 땅을 차지하기 위하여 들어갈 것임이니라."
여호수아 1:11라는 하나님의 약속이 주어졌기에 정탐꾼을 파견하는 일
은 가데스바네아 사건민수기 13-14장 때처럼 자칫 불신앙이 될 수도
있다.

그러나 하나님은 두 정탐꾼을 보내도록 하셨는데 다름 아닌
라합 가족을 구원하기 위해서였다. 가나안 정복이라는 거대 사건
에 묻혀 한 인간의 삶과 애환은 간과되기 쉽다. 그러나 하나님은
그곳에 있는 한 사람 라합을 기억하셨다. 정복과 전쟁이라는 큰 소
용돌이에 휩쓸리지 말고, 우리는 그 속에 사는 작고 연약한 인간들
의 소리를 들을 수 있어야 한다.

그런데 2장에 등장하는 정탐꾼은 정말 스파이가 맞나 할 정
도로 어수룩하고 무능하다. 얼치기 정탐꾼들이고, 한편의 코미디
스파이 영화와 같다. 문제를 해결하는 것은 창녀 직업을 가진 라합
이다. 라합은 매우 유능한 여성이다. 1절에 보면 정탐꾼이 제일 먼
저 들어간 곳은 다름 아닌 기생집이었다. 6장 23절에 이들을 "정
탐한 소년들"이라고 표현한 것을 볼 때 이들은 혈기왕성한 청년들
이었다. 자기 본분을 망각한 채 여리고 도시 문명에 취해 창녀의
소굴을 찾은 것이다. 그런데 그마저도 곧 들통이 나고 만다. "어떤
사람이 여리고 왕에게 말하여 이르되, 보소서 이 밤에 이스라엘 자
손 중의 몇 사람이 이 땅을 정탐하러 이리로 들어왔나이다."2:2

룻기, 환대와 연대의 이야기

그 이후 문제를 주도하고 해결하는 것은 기생 라합이다. 두 정탐꾼은 어떤 계획이나 능력을 보이지 못한 채, 라합이 시키는 대로 한다. 라합이 마련해 준 지붕의 벌여놓은 삼대 밑에 쥐죽은 듯 숨어 있다. 라합이 행여 자기들을 밀고할까 두려워, "누설치 말라."라는 엄포만 거듭한다. 라합은 이 위기의 순간을 이용하여 자신과 그 가족의 안전을 보장받는다.2:12-14 라합의 기지와 용기로 인해 여리고의 모든 이방 족속을 멸하는 심판 전쟁에서 예외가 발생한 것이다.

라합은 이어서 성벽 창문으로 밧줄을 내려 두 정탐꾼을 탈출시킨다. 라합은 그들을 무사히 성 밖으로 내보냈을 뿐만 아니라, 곧바로 강가로 가는 어리석은 행동을 하지 말고 산 쪽으로 가서 삼 일을 유하다 돌아가라는 치밀한 계획도 지시한다.2:15-16 정탐꾼들이 갑자기 목소리를 높이는 장면이 있는데, 성 바깥으로 나가서이다. 한밤중에 성벽을 향해 장황한 약속과 경고의 말을 한다.2:17-20 벗어났다는 안도감이 그들을 갑자기 용감하게 만든 것인가? 라합은 위험한 상황임을 간파하고 "너희의 말대로 할 것이라."2:21라고 간단히 답한다.

두 정탐꾼이 여호수아에게 의기양양하게 보고한 내용도 실은 라합이 했던 말을 그대로 반복했을 뿐이다. "진실로 여호와께서 그 온 땅을 우리 손에 주셨으므로 그 땅의 모든 주민이 우리 앞에서 간담이 녹더이다."2:9-11, 24 정탐꾼들은 얼치기였지만, 그들의 미션은 성공했다. 라합의 가족을 구했을 뿐만 아니라, 어떤 고급 정보가 아닌, 그 땅을 이스라엘의 손에 붙이셨다는 하나님 약속에 대한 확신을 여호수아에게 주었기 때문이다.

한 여성 라합의 지혜로운 판단과 용기가 한 가족을 구했다. 이 과정에서 라합은 거짓말을 한다. 여리고 왕의 군사가 정탐꾼을 찾으러 왔을 때, 이들을 숨겨놓고는 이들의 행방을 알지 못한다고 했으며, 더 적극적으로 벌써 성문 밖으로 나갔다는 거짓 보고를 했다. 구약성경을 보면 거짓말이나 도덕적으로 경미한 일은 크게 신경을 쓰지 않는 장면을 자주 볼 수 있다. 알량한 도덕의식보다 생명이 더 소중하고, 가난한 민중들에게 도덕은 사치일 뿐이다. 야곱과 그 어머니 리브가도, 아버지 이삭을 별 거리낌 없이 속인다. 하나님 약속의 실현이나 성취가 더 중요하기 때문이다. 유대교 랍비들의 판단도 유사한데, 그들은 "평화를 위한 변경, 즉 선의의 거짓말은 허용된다."랍비 조너선 색스, 《랍비가 풀어내는 창세기》라고 말한다.

유대교나 기독교는 도덕이나 윤리의 종교가 아니라, 기본적으로 생활의 종교, 곧 인간 삶을 복되게 하기 위한 종교이다. 도덕과 윤리는 생명의 풍성함을 위한 방편으로 주어졌다. 신약시대에 이르러 수도사적 수양이나 자기 부정이 물질세계를 넘어 더 영원한 행복에 이르기 위한 수단으로서 제시되었을 뿐이다.

에필로그 | 차별과 경계의 벽을 넘다

복음의 핵심 정신은 차별 철폐이다. "유대인이나 헬라인이나 차별이 없음이라. 한 분이신 주께서 모든 사람의 주가 되사 그를 부르는 모든 사람에게 부요하시도다."로마서 10:20 유대인이나 이방인이나 더 이상 민족적 차별은 없다. 이방인 룻은 복음의 이 정신을 구약에서 실현한 인물이다.

이를 달리 칭의론稱義論이라 부른다. 인간의 선행이나 노력이나 어떤 중재를 통해서가 아니라 오직 예수 그리스도를 믿음으로 의롭게 된다는, 곧 구원을 얻는다는 것이 칭의론이다. 칭의론은 "교회가 서고 넘어지는, 곧 교회의 존망이 달린 신앙 조항"마르틴 루터으로, 개신교의 핵심 중의 핵심 교리이다. 칭의론의 첫 출발은 유대인의 특권 주장에 맞서 이방인의 권리를 보호하기 위한 바울의 투쟁에서 비롯되었다.로마서 3:20-26

칭의론을 온전히 담아낸 것이 갈라디아서 3장 28절의 대 자유선언이다. "유대인이나 헬라인이나 종이나 자유인이나 남자나 여자나 다 그리스도 예수 안에서 하나이니라" 민족 간의 차별을

　　　　　　　　룻기, 환대와 연대의 이야기

넘어, 신분이나 계층의 차별을 넘어, 남성과 여성 간 성차별을 넘어 모든 인간은 그리스도 안에서 평등하고 존엄하다. 룻은 이방인이요, 과부와 이주민이요, 가부장제에 의해 차별받던 여성이었다. 룻은 성경이 언급한 이 삼중 차별을 극복한 자유인이다.

세상 역사는 이 복음 정신을 실현해 가는 과정이다. 마치 이 자유선언에 끝말잇기를 하듯 차별 철폐와 해방의 길로 나아갔다. '흑인이나 백인이나 차별이 없다.' '자본가나 노동자나 차별이 없다.' '여성이나 남성이나 차별이 없다.' '아메리칸이나 아시안이나 차별이 없다.' '소수자나 주류나 차별이 없다.' '장애인이나 비장애인이나 차별이 없다.' 룻과 나오미의 연대와 투쟁은 해방운동의 선구였다.

이들을 달리 소수자少數子라 부른다. 사회적으로 수가 적거나, 힘이 없는 약자 계층을 말한다. 그러나 이들은 단지 시혜나 보호의 대상 정도가 아니다. 소수자는 사회를 건강하고, 더 안전하게 만들려는 하나님의 지혜의 산물이다. 획일적인 사회만큼 위험하고 폭력적이고 위태로운 곳도 없다. 위기의 때에 일시에 무너지고 만다. 유전학적으로도 강하지 않다.

최근 생물 다양성diversity 문제가 대두되는 이유가 여기에 있다. 급격한 환경 변화가 일어나면 주류는 대개 멸종을 한다. 여기서 살아남아 진화의 역사를 이어가는 것은 그동안 비정상이라 돌연변이라 멸시받던 소수자들이다. 실로, 생태계나 인간 사회나 소수자들은 미래의 위기의 때를 대비한 하나님의 '예비군들'인 것이다. 소수자를 보호하고 환대하는 것은 실상 자기 생명을 지키려는 것과 같다.

세계는 다문화, 다원화되고 있다. 전쟁과 기후위기는 수많은 난민들과 이주민들을 만들어내고 있다. 과학기술의 발달과, 인터넷과 디지털 혁명은 인종과 민족의 경계를 허물고 있다. 지구라는 행성planet에 거하는 세계 시민에게는 이제 코스모폴리탄적

cosmopolitan 윤리가 필요하다. 룻기는 세계 시민 윤리의 모범이다. 이야기 형식으로 선명하고도 아름답게 그려내었다.

주류에 속하는 이들에게는 보아스의 환대의 윤리가 필요하다. 손님에게 주인의 자리까지 내어주는 아낌없는 희생과 사랑이다. 소수자에 속하는 약자들에게는 연대가 필요하다. 하나는 패하지만 둘은 맞설 수 있고 셋은 강하다.

프랑스 대혁명의 정신은 자유, 평등, 박애이다. 그런데 '박애'라는 번역이 잘못되었다. 박애는 프랑스어로 'fraternité'로, '형제애' 또는 '동지애'를 뜻한다. 민족과 계급을 초월한 시민적 단결을 의미하기에, '우애' 또는 '연대'라는 번역이 더 적합하다. 룻기는 룻과 나오미가 연대하여, 구원과 새 창조의 역사를 만들어간 이야기이다.